JN418639

징월대사시집
澄月大師詩集

동국대학교 불교기록문화유산아카이브사업단(ABC)
본서는 문화체육관광부 지원으로 동국대학교 불교학술원에서 간행하였습니다.

한글본 한국불교전서 조선 51
징월대사시집

2020년 1월 10일 초판 1쇄 인쇄
2020년 1월 20일 초판 1쇄 발행

지은이 징월 정훈
옮긴이 김재희
펴낸이 윤성이
펴낸곳 동국대학교출판부

주소 04620 서울시 중구 필동로 1길 30
전화 02-2260-3483~4
팩스 02-2268-7851
Homepage http://dgpress.dongguk.edu
E-mail book@dongguk.edu
출판등록 제2-163(1973. 6. 28)
편집디자인 다름
인쇄처 네오프린텍(주)

ISBN 978-89-7801-972-9 93220

값 16,000원

한글본 한국불교전서 조선 51

징월대사시집
澄月大師詩集

징월 정훈澄月正訓
김재희 옮김

동국대학교출판부

징월대사시집澄月大師詩集 해제

김 종 진
동국대학교 불교학술원 교수

1. 개요

『징월대사시집澄月大師詩集』은 조선 후기 징월 정훈澄月正訓의 시문집이다. 대사는 경상북도 의성에서 태어나 은해사, 수도사 등 팔공산 능선의 사찰에서 활동하였으며 시를 짓고 여러 문사들과 교유하는 데 각별한 관심을 가져 많은 시편을 남겨 놓았다. 시문집에는 175편의 시와 3편의 기문이 수록되어 있다. 입적 후 1832년 제자들이 시문을 모아 판에 새겨 팔공산 수도암에 보관한 판본이 전해진다.

2. 저자

징월 정훈(1751~1823, 영조 27~순조 23)은 경상북도 의성에서 태어나 팔공산 자락의 여러 사찰에서 주석하였다. 대사는 18세기 후반에서 19세기 초에 해당하는 이 시기의 불교사에 특별히 주목할 만한 업적을 남긴 것은 아닌 듯하다. 다만 승속을 초월하여 다양한 시인·문사들과 시담詩談을 나누기를 즐겼던 운수납자로, 당시 경상도 일원에서는 시명詩名이 높았던 것으로 보인다.

시문집에 수록된 문인 유혜有惠의 「징월화상행장」은 대사의 생평을 기록한 유일한 기록이다. 이에 따르면 대사의 휘는 정훈正訓, 자는 경호敬昊, 호는 징월澄月, 속성은 김金씨로 선조는 문소聞韶(현 의성) 사람이다. 현재 지명으로 의성 원당리가 대사가 출생한 곳이다. 대사는 의성읍 남쪽에 있는 금성산金城山에 들어가 학업을 익히다가 서암瑞巖 화상의 '주인옹아, 성성惺惺하라' 하신 대목에 이르러 책을 치우며 탄식한 후, 가선嘉善 총聰 스님을 의지하여 출가하고 관월冠月 화상에게 구족계를 받았다. 관월 화상 문하에서 『금강경』과 『능엄경』 등을 이수하였고, 설파雪坡와 농암聾巖의 문하에 노닐며 학문을 밝혔다. 31세 때인 신축년(1781, 정조 5) 봄에 신구信具를 받고 상당上堂하여 이름을 높인 것으로 알려져 있다.

대사는 폐사가 된 사찰을 새로 중건하는 데도 공력을 기울인 바, 을축년(1805, 순조 5)에는 팔공산 북쪽의 수도사를 중창하였다. 이때 친분이 있던 경상도 관찰사 김희순金羲淳의 시주를 받았고, 수도난야修道蘭若·해회루海會樓·염화실拈花室 등의 편액 글씨를 받은 것이 행장에 기록되어 있다. 문집 권3의 기記에는 「미타암 중수기彌陀菴重修記」, 「지장사 중수기地藏寺重修記」, 「진불암 중수기眞佛菴重修記」, 「수도암 이건기修道菴移建記」 등이 있다. 이 가운데 진불암과 수도암 관련 기문에는 대사가 직접 참여한 중수의 내력이 담겨 있어 행장의 소개를 뒷받침하고 있다.

행장에 따르면 대사의 성품은 단중端重하고 근엄하여 사람들에게 칭송받았으며 또한 시에 뛰어나 세상에 이름났기 때문에 당시 사대부들이 애지중지하여 영남의 명승名僧으로 높이고 칭찬하였다고 한다. 이러한 점은 시문집을 통해서도 확인되는데, 영남 북부 일원의 군수와 경상도 관찰사와의 다양한 교유시가 남아 있다. 대사의 시는 기발한 표현이나 웅장한

묘사를 위한 수사가 드물다. 심오한 교리를 문면에 드러내는 데 집착하지 않았으며, 『장자莊子』 등의 외전은 거의 인용하지 않았다. 또 문장보다는 시를 짓고 감상하는 데 마음을 두었다는 내용의 술회시에서 알 수 있듯이 스스로 시인으로 자처하며 여러 선비들과 교유하는 데 자부심을 느꼈던 듯하다. 문집의 이름을 특별히 '시집詩集'이라 한 것도 이러한 정황을 반영하는 것이다.

오언사율五言四律인 〈소주 군수 김 공【반】의 시를 받들어 화답하다(奉和韶州倅金公【磐】)〉에서 대사는 "문장은 나의 본분 아니요/명리도 세상 사람에게 맡겼지/다만 시와 술 잊지 못하여/표연히 자주 나그넷길 오르네(文章非我事。名利付時人。獨未忘詩酒。飄然客路頻。)"라고 토로하고 있다. 문장과 명리보다는 시와 시를 통한 만남 자체에 마음을 기울여 평생을 시승詩僧으로 자처한 그의 자세를 엿볼 수 있다.

대사의 행적은 그가 태어난 고향에서 멀리 벗어난 경우를 찾아보기 힘들고 금강산 유람이 눈에 띄는 정도이다. 행장에서 특기하고 있는 행적은 경진년(1820, 순조 20) 여름에 대사가 금강산으로 가는 길에 서울 서강에서 여러 명공의 배에 올라 교유를 나눈 사실이다. 이들은 이명오·김이양·심두영·이지연·조만영·조인영·이태승·이재경·김이회 등 9인이었다. 이들은 당대의 세도가를 포함한 명사들인데, 이들과의 시적인 대화는 승속 교유의 한 장면을 연출한 것으로 문집에 그 전말과 시 작품이 상세히 소개되어 있다.

대사는 계미년(1823, 순조 23) 2월에 은해사銀海寺의 운부사雲浮社에서 향년 73세로 시적示寂하였다. 제자들이 진영 2본을 그려서 하나는 운부사에 소장하고 하나는 수도암修道菴에 보관하였다.

3. 서지 사항

『징월대사시집』은 1832년(순조 32) 문인 유혜有惠 등이 자료를 모으고, 법제法弟인 설월雪月과 정곡定谷 등이 친분 있던 유자들의 서문을 받아 펴낸 3권 1책의 목판본이다. 『한국불교전서』에는 성암문고誠庵文庫 소장본을 수록하였다. 이 밖에 같은 책이 계명대학교 도서관에 소장되어 있으며, 동국대학교 도서관에는 복사본이 소장되어 있다.

문집의 서문은 기축년(1829) 중하中夏에 희곡산인希谷散人 이지연李止淵(1777~1841)이, 행장은 임진년(1832) 5월 무오일에 문인 유혜가, 발문은 임진년 봄에 황정黃庭 이태승李台升이, 후서는 임진년 5월에 송호유인松湖幽人 김이덕金履德이 썼다. 간기에는 "임진년 여름 판각하여 팔공산 수도암에 보관하다.(歲壬辰夏鋟梓藏于八公山修道菴.)"라고 하였다.

4. 내용과 성격

서문은 경상도 관찰사를 지낸 희곡산인 이지연이 작성하였다. 그는 사대부와 승려의 교유가 영남에서 가장 성했음을 말하면서, 일찍이 대사가 한강의 서강에서 고명한 문사들과 시로써 교유할 때 함께했었고, 후에 경상도 관찰사로 부임해서는 대사의 내방을 받은 인연을 소개하였다.

문집의 권1에는 오언절구五言絶句 9편, 오언사율五言四律 33편, 오언장편五言長篇 4편, 칠언절구七言絶句 67편이, 권2에는 칠언율시七言律詩 59편이 수록되어 총 172편의 시가 수록되어 있다. 권3에는 기記 4편과 영찬影贊 3편이 수록되어 있다. 이를 시적 경향과 기문의 성격으로 나누어 살펴보도록 한다.

1) 시적 경향

시집의 전체적인 경향을 보면 영물시詠物詩, 교유시交遊詩가 대부분을 차지한다. 다만 어떤 사물에 대한 감흥을 노래하는 영물시는 교유시에 비해 상대적으로 비중이 적은 편이다. 영물시 가운데 〈두견새〉는 두견새가 경박한 세태를 혐오하여 '고국으로 돌아감만 같지 않다(不如歸)'를 노래한다는 내용이다. 시집에는 사계절 가운데서 봄에 대한 감흥을 노래한 시편이 두드러진다. 오언사율인 〈봄날 누각에 올라〉·〈봄날 우연히 읊다〉·〈봄을 바라보다〉·〈봄밤〉과 칠언절구인 〈동군을 축하하다〉 등에서는 봄날의 감흥을 노래하고 있고, 〈용문사〉·〈진불암에 쓰다〉·〈옥산의 독락당〉·〈가야산 학사대〉·〈급상대〉·〈심진동〉·〈법화암〉·〈문수암〉·〈석가봉〉·〈불지암〉·〈오대산 월정사〉·〈해인사 장판각〉 등에서는 외경으로서의 대상과 시적 자아의 교감을 담아 내고 있다.

시집의 대부분은 교유시에 해당하는데, 이는 다시 수행하는 도반들과의 교유시와 일반 선비들과의 교유시로 나누어 볼 수 있다. 전자는 〈자선에게 부치다〉·〈일라에게 부치다〉·〈노스님의 설법에 감사하며〉·〈운부조실〉 등이 해당한다. 대부분은 후자에 해당한다. 이는 시 창작을 개인적인 정서를 발현하고 대사회적인 맥락에서 일반 선비들과의 소통의 매개로 생각하고 있던 대사의 창작 태도를 반영하는 것으로 보인다.

〈사람을 그리며(懷人)〉에는 대사의 시를 대하는 태도가 내밀하게 드러나 있다.

동쪽 교외 따스한 해가 길어	東郊暖日永
삼월도 청명을 맞았네	三月是淸明
술잔 마주한 시 벗도 떠나가고	對酒詩朋去
골짜기의 새만 외로이 노래하네	孤歌谷鳥鳴

그윽한 꽃은 비단 빛 펼치고　　幽花開錦色
흐르는 물은 거문고를 연주하네　　流水奏琴聲
용성자가 있지 않았다면　　不有蓉城子
누가 비연의 마음 알아주었으랴　　誰知秘演情

때는 삼월 청명절로 대지에는 훈훈한 기운이 가득하다. 시를 함께 나누던 벗이 떠나자 외로이 노래하는 새의 울음소리가 비로소 귀에 들려온다. 이는 떠나간 빈자리를 채우는 자연의 소리이며 벗 없는 적적함을 환기하는 대상물이다. 그윽한 꽃이 비단처럼 화려한 빛을 펼치고 계곡의 물소리 아름답게 들려오는 이 시각과 청각의 조화는 조화로운 자연의 울림이며 풍경이다. 벗이 떠난 빈자리에 잠시 느꼈던 외로움은 이제 시공에 가득한, 나의 마음 가득 채워지는, 자연의 풍경과 울림으로 풍요로운 조화를 얻는다. 벗이 떠난 자리의 헛헛함이 풍요로움으로 전환되는 비밀은 마지막 구에 살짝 드러나 있다.

용성자蓉城子와 비연秘演은 시로 아름다운 교유를 한 인물들이다. 용성자는 부용성자芙蓉城子의 줄임말로 곧 석연년石延年을 지칭한다. 이는 지방의 군수나 관찰사에 해당하는 유자를 비유하며, 석연년과 막역한 시교詩交를 나눈 북송北宋의 시승詩僧 비연은 화자 자신을 비유한다. 지방의 유력한 선비들과 교유를 나누는 자신의 자부심과 긍지가 마지막 구에 표현된 것으로 볼 때, 이러한 점이 앞 구에 드러난 조화로움을 획득하는 한 이유가 되지 않았을까 한다.

자연스럽게 시집의 많은 부분은 지방 관리, 선비들과의 교유시로 채워져 있다. 특히 의성·신녕·군위·영천 및 영남 관영의 관리들과 나눈 시가 대부분을 차지한다. 이는 아마도 대사의 이력에 그 이유가 있는 것으로 보인다. 앞서 소개한 대로 대사는 의성 김씨로 의성 원당리에서 태어나 가까운 금성산에 출가하였고 평생 의성에서 가까운 팔공산의 여러 사찰에 주석하였다. 그는 여기저기 행각하는 운수납자라기보다는 오히려 그 지역에 기반을 둔 납자로서, 임지를 떠도는 여러 관리를 맞이하는 위치에 있었던 것으로 보인다.

이처럼 이 시집은 팔공산 자락의 문화 지도를 그려 볼 수 있는 자료가 된다. 거칠게 조망해 보아도 시집에 등장하는 주요 교유의 인물들을 보면 예천 군수, 소주韶州(의성) 군수(金磐), 봉성鳳城 군수(金履福), 신녕新寧 수령(洪公, 宋倫載 외), 장수長水 현승[李箕元(梅田)], 영천 수령(沈公 외), 영천永川 사군使君(洪公), 의흥義興 군수(韓通裕), 영양 군수 등이 있고, 그 외에 달성 판관 서유승徐有升이 있다. 순상巡相(관찰사)으로는 김이양金履陽(호 淵泉), 이병모李秉模, 이존수李存秀, 이 공李公, 김의순金義淳(호 山木軒) 및 호가 호동壺洞인 순상 등이 등장한다.

의성과 신녕·영천·달성은 팔공산 북쪽, 동쪽에 인접해 있어 동일한 문화권이라 할 수 있겠고, 등장하는 인물들은 당대 이 지역의 대표적인 달사達士들이라 할 수 있을 것이다. 이처럼 대사는 관찰사와 군수 등 지역의 인사들과 활발한 교유를 나누었고, 때로는 직접 방문하여 시교詩交를 나누는 적극적인 모습을 보여 주고 있다. 특히 매전梅田 이기원李箕元과는 가장 깊은 교감을 나누었다. 이기원은 신녕현(長水)의 현승(丞)으로 소개되어 있는데, 시집에는 〈매전옹 생신의 시운을 차하다(次梅田翁晬辰韻)〉 외 10여 수가 수록되어 시교를 나눈 인사 중 가장 많은 작품 수를 보여 준다.

매전옹은 〈봄날 매전옹과 함께 읊다(春日與梅田翁共賦)〉에서 주역을 읽을 나이, 즉 50세가 되었음을 말하고 있다. 그는 의성 아래 신녕현의 아전 정도의 벼슬을 하며 더 넓은 세상에서 벼슬하고픈 포부가 없지는 않으나 여의치 않았던 것 같다. 다음은 〈매전이 운을 들어 함께 읊다(梅田拈韻共賦)〉 중 첫수이다.

구름 개자 높이 읊조리고　　　　高吟雲捲處

밝은 달빛 아래 생각한다	思想月明時
매화 아래 참으로 청고한 몸	梅下身何苦
숲 사이 자취도 기이하구나	林間跡亦奇
병 깊으니 창가의 해도 길고	病深窓日永
하늘 멀어 학서도 더디네	天遠鶴書遲
결사의 계책 장차 이루려고	結社將成計
옅은 안목으로 문장을 엿본다	文章測管窺

기구와 승구에서는 매화 마을에서 고매한 인품으로 은거하는 매전의 모습을 그리고 있다. 전구에서는 병이 깊고 조정의 부름에 부응하고자 하나 여의치 않은 현재의 상황을 이야기하였고, 결구에서는 장차 결사結社를 이루고자 매전의 문장을 엿본다고 하였다. 고매한 인품, 은거하는 선비, 시골의 작은 벼슬아치이나 크게 경륜을 펼칠 만한 인물로 대상을 드러내고 있는 것은 물론이고, 장차 대사가 뜻하는 신앙 결사를 펼치는 데 도움을 줄 수 있는 인물로 그려져 있다. 단순한 승속 간의 만남이 아니라 상대에 대한 깊은 이해와 믿음 없이는 그려낼 수 없는 시라 할 수 있다.

이외에 특기할 만한 일은 대사가 1820년경 금강산을 유람하기 위해 서울 마포의 서강에 이르렀을 때 우연치 않게 여러 명사들과 교유하게 된 사건이다. 이는 문집 편찬자들에게도 매우 의미 있는 일로 여겨졌고, 대사의 명성을 드러내는 좋은 일화로 소개되어 있다. 권3에 수록된 〈서강시축西江詩軸〉에 만남의 내력과 주고받은 시편들이 담겨 있다.

이들은 당대의 명사인 이명오李明五(?~1836), 김이양金履陽, 심두영沈斗永, 이지연李止淵, 조만영趙萬永(1776~1846), 조인영趙寅永(1782~1850), 이태승李台升, 이재경李在絅, 김이회金履會 등 9인이다. 특히 조만영, 조인영은 당대 풍양 조씨 세도가였고, 이지연은 후에 경상도 관찰사가 되어 교유한 적이 있어 시집의 서문을 쓴 인물이며, 김이양은 시적인 교유를 지속한 인물이다.

바람에 깃발 펄럭이는 남녘 배에 모여	風旗獵獵會南舟
뜻 따라 방초 우거진 물가를 따라가네	隨意沿緣芳草洲
넓은 하늘 창파에 먼 달이 더디고	天曠滄波遲遠月
깊은 밤 등불 빛에 누각 하나 보이네	夜深燈火見孤樓
산승의 시운은 차가운 지팡이에 들고	山僧韻入冷冷策
해객의 시는 물 위의 갈매기가 따르네	海客詩隨泛泛鷗
어부와 사공의 노래가 세속을 일깨우니	漁唱棹歌俱砭俗
배 가득 별빛과 이슬에 머무를 만하구나	滿船星露可淹留

–연천淵泉

군자의 경륜은 세상을 구제하는 배	君子經綸濟世舟
은택이 마른 풀에도 미쳐 푸른 물가	澤流枯草綠盈洲
호서의 집에는 고향의 솔과 국화	故園松菊湖西宅
강가의 누각엔 밝은 달 아래 시와 술	明月詩樽江上樓
모였다 흩어지는 구름 속에 늙은 중 만나	聚散浮雲逢老釋
부침하는 유수에 모래톱 갈매기 의탁한다	升沉流水付沙鷗
이번 유람은 금강산으로 향하는 길	此行轉向金剛路
아름다운 시를 구하려 종일 머무른다	爲乞璚章盡日留

–징월

창작의 배경은 여러 명사들이 마포 근처의 서강에 배를 띄우고 강물을 따라 유람하고 있을 때 나눈 시교詩交이다. 1820년경은 한양이 상업 도시로서의 면모가 흥성할 때이며, 이 시기의 한강은 물산이 집약되고 시인묵객들의 풍류처로 조선 후기 문화의 흥성함이 느껴지는, 약동하는 공간이었다.

인용한 김이양의 시는 만남이 이루어진 풍류의 공간을 전편에 제시하고, 승려의 시와 나그네의 시가 외적 풍경 속에 어우러지고 어부의 뱃노래가 초탈한 분위기를 고조시키는 광경을 노래하고 있다. 결구에서 배 가득 별빛과 이슬에 머무를 만하다는 것은 승속의 만남으로 초탈한 분위기와 정서에 젖게 되었다는 것으로 풀이된다. 당시 승속의 교유는 이처럼 굳이 분별하거나 같고 다름을 따지지 않아도, 그냥 그 자리에서 상대를 바라보는 내면의 교류가 가능했던 것이 아닌가 한다. 징월 대사의 시에 유자와의 교유시가 대부분을 이루는 것도 이러한 시대 분위기에서 나타난 현상으로 보인다.

2) 기記의 양상과 성격

앞서 시 작품을 통해서 여러 문사·달사들과 교유가 있었고, 특히 의성과 팔공산 일원의 여러 지역 인사들과 밀접한 교유를 나눈 것을 알 수 있었다. 기문에는 대사가 주로 활동했던 팔공산 자락의 여러 사찰에서 중창불사한 내용이 담겨 있다.

> 팔공산八公山은 영남의 명승지요, 은해사銀海寺는 영천군(永郡)의 명찰이다. 팔공산 한 지맥이 멀리서 뻗어 와 그윽한 곳에서 열리니 미타암이 있는 곳이다. 암자의 터는 그윽하면서도 궁벽지지 아니하고 평평하면서도 낮지 아니하여 산은 깊고 숲은 무성하며 샘은 달고 토지는 비옥하니 참으로 고요한 거처로 적당한 곳이다.

「미타암 중수기彌陀菴重修記」의 서두이다. 팔공산의 능선이 영천 쪽으로 흘러내린 곳에 은해사가 있다. 이 글은 은해사의 미타암을 중수한 내역을 소개하기에 앞서 서두에서 원경에서 근경으로 지맥의 흐름을 따라 소개하는 방식의 구성을 보여 주고 있다. 본사에서는 지연指演 장로가 1794년과 1816년에 암자를 수리한 내력과 대사에게 기문을 청하는 물음을 제시하고 이에 대한 답을 제시하였다.

「지장사 중수기地藏寺重修記」는 달성 북쪽에 있는 지장암을 중수한 내력을 담은 기문이다. 서두는 "대저 명승지나 빼어난 골짜기에서 맑은 기운을 머무르게 하고 여러 스님들을 수용하는 것은 선궁禪宮이나 누관이다. 범관梵觀이 없으면 비루하고 범중梵衆이 없으면 속되다. 이 때문에 땅은 사람을 얻어서 드러나고 사람은 땅을 만나서 이름이 난다."로 시작하여 선궁이나 누관에 의미를 부여하였다. 이어 지장암에 대웅전과 지장전 두 법전만 남고 요사채와 누관 행랑이 무너진 상황을 제시하였다. 그리고 1808년 기봉箕峯 장로가 복구를 시작한 경과를 제시하면서, 기문의 청사請辭와 답사答辭를 짧게 제시하는 것으로 마무리하였다.

「진불암 중수기眞佛菴重修記」는 영천 신녕에 있는 팔공산 비로봉 진불암을 중수하며 지은 기문이다. 앞서 제시한 기문들은 지맥의 흐름을 원경에서 근경으로 묘사하는 풍수적 기술을 보인다거나, 누각에 대한 개념을 일반화시켜 제시하는 방식을 구현했음을 보았다. 그런데 이 글에서는 "화현花縣 서쪽으로 수십 리쯤 팔공산 비로봉 아래 진불암은 영남의 으뜸가는 선원으로 고려 국사이신 환암幻菴 조사께서 창건하신 곳이다. 많은 세월을 거치면서 여러 번 병화를 입어 거친 풀만 우거진 폐허를 면치 못하자"로 시작하여, 중수하기 전의 상황을 사실에 입각하여 서술하는 방식을 보여 주고 있다. 본사에서는 대사가 1812년 수도사에서 진불암으로 옮겨 주석하고, 이듬해에 일을 주관하여 마무리한 내력이 동참한 여러 승려의 이름과 함께 상세하게 제시되어 있다. 결사에서는 훗날 이 암자에 거처하며 수행하는 이들에게 신라 때 최초로 만일염불회를 조직하였던 발징發徵의 고사를 들어 염불에 정진할 것을 당부하고 있다.

「수도암 이건기修道菴移建記」는 영천 신녕 팔공산 수도암의 자리를 옮겨 중창한 이야기를 담고 있다. 서두는 「진불암 중수기」와 같은 방식을 택

하고 있는데, 수도암의 위치와 창건주를 소개하고 황폐하게 된 지난날의 경과를 제시하였다. 본사에는 1804년 대사가 서원을 일으킨 후 권선문을 들고 관찰사 김휘순의 시주를 받았던 일과, 이로써 확장된 사찰의 칸수를 낱낱이 제시하였다. 결사에는 다시 관찰사의 공덕을 찬양하며 감사의 뜻을 표하는 것으로 마무리하였다.

이상에서 보듯이 대사의 기문은 네 편에 불과하나, 불가에서 지은 기記의 양식적 경향을 확인할 수 있다는 점에서 의미가 있다. 첫째는 서두에 풍수적 관념에서 지맥의 흐름을 원경에서 근경으로 제시하며 그 공간에 의미를 부여하는 방식, 둘째는 중건하려는 어떤 대상에 대한 일반적 의미를 제시하는 연역적 방식, 셋째는 과거의 내력과 당시의 상황, 그리고 새로 변화된 광경을 사실에 즉하여 차례대로 서술해 나가는 방식이다. 공교롭게 대사 자신이 중건한 두 암자에 대한 기문은 마지막 세 번째 방식을 원용하고 있다는 점이 주목된다. 아마도 짧은 기문 안에 사실을 기록해도 충분한 정보와 자료가 있기에 굳이 문학적 수사를 앞세우지 않아도 되었기 때문으로 생각된다.

5. 가치

『징월대사시집』은 1800년대 초반 팔공산 권역의 사찰과 승려들의 문화적 활동을 파악하는 데 있어 소중한 자료적 가치를 지닌다. 대사의 경우 불교사적으로 획기적인 업적이 있는 것도 아니고, 선리가 넘쳐 나는 시를 다수 창작한 것도 아니다. 대사는 의성이 관향이자 고향인 승려로서 평생을 팔공산 권역에서 여러 관리들과 수창을 나누고 있는 시승의 면모를 잘 보여 준다. 이런 점에서 이 시문집은 이 지역의 지역성과 문화성을 드러내고 있다는 점에 더 큰 의미를 부여할 필요가 있다.

네 편의 기문은 1800년대 초반 팔공산 은해사 주위 사찰의 내력을 알려 주는 실증적 자료라는 의의를 지니고 있다. 아울러 이들 기문은 팔공산 주변 사찰의 미타신앙의 자취를 보여 주는 자료이기도 하다. 미타암과 지장사는 미타신앙·지장신앙과 관련이 있다. 또한 진불암의 기문에는 만일염불회를 결성했던 발징의 고사와 같게 해야 한다는 당부를 하는 것으로 볼 때 미타신앙과 밀접한 관련이 있다. 수도사는 기문에는 잘 드러나지 않으나, 조선 후기 염불신앙의 흥성을 이끈 『보권염불문』(1704)의 첫 간행지라는 점에 주목해야 할 것이다. 『보권염불문』은 수도사 간행 이후 동화사, 해인사 등 전국적으로 간행과 복각이 진행되어 염불신앙의 홍포에 지대한 영향을 끼쳤다. 징월 대사가 그 수도암을 다시 복원하고 있다는 점, 그리고 앞서 중건한 여러 사찰의 경우를 함께 생각해 볼 때, 대사가 겉으로 크게 내세우지는 않았어도 염불신앙·미타신앙을 부흥시키기 위해 노력한 자취가 뚜렷해진다. 본 시집의 많지 않은 기문은 나름대로 1800년대 초반 팔공산 유역의 신앙 흐름을 반영하고 있는 것이다. [이 글은 필자의 논문(2013)을 정리하여 수록한 것이다.]

6. 참고 자료

이종찬, 「시로 만족했던 澄月」, 『한국불가시문학사론』, 불광출판사, 1993.

김종진, 「징월 정훈澄月正訓의 문학세계에 대하여」, 『한국선학』 35집, 한국선학회, 2013.

차례

오언장편五言長篇-4편

칠언절구七言絶句-67편

징월대사시집 제2권 澄月大師詩集 卷之二

칠언율시七言律詩-59편

징월대사시집 제3권 澄月大師詩集 卷之三

기記-4편

영찬影贊-3편

일러두기

1 '한글본 한국불교전서'는 문화체육관광부의 지원을 받아 동국대학교 불교학술원에서 수행하고 있는 '불교기록문화유산아카이브(ABC)사업'의 결과물을 출간한 것이다.

2 이 책의 번역은 『한국불교전서』(동국대학교출판부 간행) 제10책의 『징월대사시집澄月大師詩集』을 저본으로 하였다.

3 번역문에 이어 원문을 병기하였다. 원문은 『한국불교전서』를 대본으로 하였으며, 띄어쓰기를 표시하기 위해 고리점(。)을 사용하였다.

4 원문의 교감 사항은 번역문의 미주와 별도로 원문 아래 부분에 제시하였다.
㉯은 『한국불교전서』 편찬자가 교감한 내용이다.
㉰은 번역자가 교감한 내용이다.

5 약물은 다음과 같다.
『 』: 서명
「 」: 편명, 산문 작품
〈 〉: 시 작품, 노래(歌)

징월상인시집 서문

옛날부터 불씨佛氏를 배우는 사람은 진실로 기굴요확奇崛寥廓(우뚝하고 넓고 맑음)한 무리가 많아 외형을 버리고 높이 나아가서 자취를 감추고 돌아오지 않았다. 그러나 세상을 완전하게 끊지는 않아서 때때로 어진 사대부를 따라 서로 어울려 노닐면서 그 도를 보존하고 그 학설에 의지하고자 하였으니, 지둔支遁[1] · 혜원惠遠[2] · 탕휴湯休[3] · 문창文暢[4] · 참료자參寥子[5] · 혜근慧勤[6] 같은 뛰어난 무리들이 헤아릴 수 없을 정도였다. 그 유풍流風은 동방에서 더욱 성대하였고, 그중에서도 영남이 가장 으뜸이었다.

경진년(1820, 순조 20) 여름에 몇몇 선비와 함께 배를 타고 삼강三江[7]을 거슬러 오르는데 한 스님이 표연飄然히 모래 위에 서서 사공을 부르며 태워 주기를 요구하였다. 기이하게 여겨 물어보니 바로 서산西山의 종도宗徒인 징월澄月 스님이었다. 대사는 일찍이 시를 잘 쓰기로 어진 사대부들에게 소문나고, 또 사대부들과 교유하기를 좋아하는 자였다. 이번 행각에서는 장차 기달산怾怛山(금강산)을 밟아 동해 바다를 굽어보고 한없는 들판에 소리를 기탁하고자 한다고 하였으니, 어찌 이른바 기굴요확한 자가 아니겠는가.

수년이 지나서 내가 외직으로 나가 경상도 관찰사를 지낼 적에 석장을 날려 나에게 한번 들렀는데, 얼마 지나지 않아 그 문도가 스님의 입적을 알리고는 남기신 말씀과 글들을 수습하고 출판하기를 발원하였다. 미처 편집되지 못한 (선과 교에 관한) 여러 가지 말씀과 계율과 논을 약간밖에 모으지 못해 비록 매우 적요하긴 했지만 가릉伽陵[8]의 한 깃털과 같고 보리수의 한 가지와 같아 또한 안목을 갖춘 자의 보배가 되기에 충분하니 어찌 솥의 고기 한 조각에 그칠 뿐이겠는가.

아, 스님의 상족上足(뛰어난 제자) 여러 분이 광남廣南의 유진留鎭으로 나를 방문하여 한마디 서문을 부탁하기에 이를 써서 증거한다.

기축년(1829, 순조 29) 중하仲夏에 희곡산인希谷散人[9]이 쓰다.

澄月上人詩集序

古之學佛氏人。固多奇崛寥廓之流。隳形而高邁。匿跡而不返。然而亦未嘗全絶于世。以故往往從賢士大夫。而相翺翔馳逐。欲存其道。憑其說。如遁遠休暢叅慧之傑然者。指不可勝屈。流風彌盛於東。而東之嶺尤最焉。庚辰夏。同數名勝。舟溯于三江之干。有一衲飄然沙立。招長年求載。異而扣之。乃西山之宗澄月師也。曾善詩聞於賢士大夫。而又喜與賢士大夫遊。是行也。將躡怳怚。臨溟渤。寄聲於無極之野。豈所謂奇崛寥廓者耶。粤數秊。余出而按嶺時。後飛錫一過。無幾。其徒告趺化而拾遺唾。掇零墨。發願鋟梓。未及成葉。難歧貳。戒槖發論如干裒集。雖甚寂寥。伽陵之片羽。菩提之一枝。亦足備具眼之寶玩。奚止鼎臠而已乎哉。噫。師之上足數輩。爲訪于廣南留鎭。乞一言弁卷。聊書此以證。

己丑仲夏。希谷散人題。

주

1 지둔支遁(314~366) : 중국 동진東晋 스님으로 자는 도림道林, 속성은 민閔씨다. 25세에 출가하여 명사들과 사귀었고, 승려들을 가르치며 여러 논을 지었다. 동진 애제哀帝가 즉위하자 동안사에 가서 『道行般若經』을 강의하였고, 태화 1년 오산塢山에서 53세를 일기로 입적하였다. 저서로 『卽心遊玄論』·『聖不辨知論』 등이 있다.

2 혜원惠遠(335~417) : 중국 동진 때 스님으로 안문雁門 누번樓煩 사람이다. 13세에 육경을 연구하고 특히 노장학에 정통하였으며, 21세에 도안道安을 찾아가 수행정진하였다. 373년(전진 건원 9) 부비苻丕가 양양襄陽을 공격하여 도안을 데려가자 제자 수십 명과 함께 남쪽 형주로 가서 여산廬山에 동림사東林寺를 창건하였다. 이후 30년 동안 여산에서 지내며 번역과 저술에 전념하였으며, 또한 백련사白蓮社를 결성해 당대의 명사들과 교유했던 것으로 유명하다.

3 탕휴湯休 : 남조南朝 송宋의 승려 혜휴惠休를 말한다. 시문에 능하여 세조世祖로부터 환속하라는 명을 받고 탕湯이라는 속성을 하사받았다.

4 문창文暢 : 당唐나라의 스님으로 한유韓愈와 교유하였다.

5 참료자參寥子 : 송宋나라의 스님으로 시문에 뛰어났고 소동파蘇東坡 등과 교유하였다.

6 혜근慧勤 : 북송北宋 때의 스님으로 시문에 능하였고 구양수歐陽修·소동파 등과 교유하였다.

7 삼강三江 : 조선 시대 물산이 모여들던 한강의 세 나루터, 즉 한남동의 한강漢江, 용산·원효의 용산강龍山江, 마포의 서강西江을 말한다.

8 가릉伽陵 : Ⓢ kalavika, Ⓟ karavīka의 음역이다. 가라빈가歌羅頻伽·갈라빈가羯羅頻迦·가릉비가迦陵毘伽로도 음역하며, 줄여서 가릉빈迦陵頻·가루빈迦累賓·가릉迦陵·갈비羯脾·빈가頻迦라고도 하며, 호성好聲으로 의역하기도 한다. 깃이 아름답고 소리가 맑은 인도의 새다. 상반신은 사람, 하반신은 새로 표현되기도 한다.

9 희곡산인希谷散人 : 조선 후기 문신인 이지연李止淵(1777~1841)의 호다. 자는 경진景進이고 세종의 다섯째 아들 광평대군廣平大君 여璵의 후손으로 공조참의 의열義悅의 아들이며, 어머니는 판중추부사 홍억洪億의 딸이다. 1805년(순조 5)에 진사가 되고, 별시문과에 병과로 급제하였다. 이후 병조좌랑과 예조참판을 거쳐 1823년에 공시당상貢市堂上·경상도 관찰사가 되었으며, 1827년 이후 한성 판윤·평시서 제조平市署提調·예조판서·광주 유수 등을 역임하였다. 1834년에는 호조판서, 1837년에는 우의정을 역임하였다. 1840년에는 대사간 이재학李在鶴, 대사헌 이의준李義準 등에 의해 탄핵되어 함경북도 명천에 유배되어 그곳에서 죽었다. 저서로 『希谷遺稿』가 있다. 시호는 문익文翼이다.

징월대사시집 제1권

| 澄月大師詩集* 卷之一 |

* ㉮ 저본은 임진년(순조 32, 1832) 간본刊本(성암문고誠庵文庫 소장)이다.

예천 군수의 시운을 차하다

次醴泉倅

4, 5년 전에 만났을 때	四五年前會
잔등 아래 밤새 얘기 나눴지	殘燈達夜言
갑 속의 거문고로 유수의 곡[1]	匣琴流水曲
연주하며 옛 음 보존하였네	彈出古音存

정 사문[2]의 시운을 차하다
次鄭斯文

연화세계 산책하노라니	曳杖蓮花界
차츰 답청[3]도 지쳤구나	徐徐倦踏青
그윽한 새 어이 우는가	幽鳥啼何意
손님 보내는 심정을 아는 듯	應知送客情

낙양 김 상사[4]【형섭】의 시운을 차하다

次洛陽金上舍【亨燮】

늙은 잣나무 하늘까지 곧게 뻗고	古栢連天直
새로 핀 꽃 햇빛 받아 붉은데	新花帶日紅
뜻밖에도 김 상사께서	郝知金上舍
흰 구름 속을 찾아 주셨네	相訪白雲中

묵옹【설 공 저】의 시운을 차하다

次默翁【薛公著】

달은 새 벗의 얼굴 비추고	月印新知面
시는 옛 벗의 정을 이루었는데	詩成故友情
이별에 다시 슬피 바라보자니	分襟還悵望
잔설 쌓인 해산만 맑구나	殘雪海山淸

조 대아[5]【시언】의 시운을 차하다【2수】

次趙大雅【時彥】【二首】

[1]

괴로이 조시언을 그리나니　苦憶趙時彥
저녁 산도 하염없는 정 머금었어라　晚山含遠情
무성히 우거진 잡초 가운데　濛濛雜卉裏
청라 길만 한 가닥 비껴 있네　蘿逕一條橫

[2]

동자는 청라 우물 길어 오고　童子引蘿井
죽로에는 향연이 피어오르네　竹爐香篆斜
그대가 환단[6]을 이루고 나면　待君丹熟後
야윈 얼굴에 연하 피어나리　臞面發烟霞

친구와 이별하며

別友人

유랑의 자취 원래 집착 없어　　浪跡元無着
가벼운 행장 자유롭구나　　輕裝得自由
내 은거하는 곳 알고 싶은가　　欲知吾隱處
구름 덮인 아름다운 숲이라네　　琪樹抱雲稠

높은 곳에 올라
登高

가을 산 참으로 맑아	秋山何澹澹
숲과 골 절로 서늘하다	林壑自生凉
구름 끝 사람 있는 듯	雲際人應在
떵떵 나무 베는 소리	丁丁伐木聲

우연히 읊다
偶吟

홀로 서봉 끝에 서니	獨立西峯外
봄 강이 아득히 흐르네	春江萬里流
이별의 정 흐르는 물처럼	離懷如逝水
날마다 유유히 끝없네	無日不悠悠

친구가 찾아와

故人來

새는 높은 나무로 날아가고	鳥遷高樹去
사람은 석양빛 받으며 찾아와	人帶夕陽來
함께 맑은 시내 바위 위에서	携出淸溪石
서로 막걸리 잔을 권한다네	相將濁酒杯

오언사율
五言四律

소주[7] 군수 김 공【반】의 시를 받들어 화답하다【2수】
奉和韶州倅金公【磐】【二首】

[1]

외로운 새 석양빛에 울고 孤禽啼夕照
안개 버들 날리는 봉성의 봄 烟柳鳳城春
마을 길에 노랫소리 넘치고[8] 閭巷絃歌溢
강산에 물색이 새롭구나 江山物色新
문장은 나의 본분 아니요 文章非我事
명리도 세상 사람에게 맡겼지 名利付時人
다만 시와 술 잊지 못하여 獨未忘詩酒
표연히 자주 나그넷길 오르네 飄然客路頻

[2]

관아의 누각 백 척 높이 솟아 官樓高百尺
흥에 겨운 손님 올라 굽어보니 乘興客登臨
주렴 밖은 시내와 산빛이요 簾外溪山色
빗속에 초목의 마음 짙구나 雨中草木心
쌓인 공무는 언제나 그칠런고 簿書何日歇
단지의 술 오늘 가득하구나 尊酒此時深
떠나려다 또 석장을 멈추고 欲去還停錫

좋은 밤 다시 흉금을 털어놓네 良宵更話襟

문득 석장 날려 내려오셨기에 忽逢飛錫下
그림 난간에 함께 앉았네 偶坐畫欄前
높은 누각은 허공에 솟고 高閣如無地
맑은 연못엔 하늘 어렸네 澄塘亦有天
허연 머리 예전 내 모습 아니요 白頭非故我
시문도 참으로 거칠어졌네 朱墨甚荒年
웃으며 묻노니 청산 속에서 笑問靑山裏
단약을 몇 번이나 달였는지 鍊丹幾點烟

【김 공(右金公)】

스님 머물러 좋은 모임 이루니 留衲成佳會
함께 손잡고 난간 앞에 앉았네 相携坐檻前
고목나무에 꽃이 피고 花心看老樹
이내는 먼 하늘 이어졌네 嵐氣接遙天
넓은 누각에 그림 속의 사람인 듯 樓濶人如畫
술 단지 깊어 하루가 일 년 같구나 尊深日似年
석양빛은 한없이 아름다운데 夕陽無限好
뜰 버들도 옅은 안개 머금었네 庭柳細含烟

【김 공의 아들 험지(右金公胤子驗之)】

순상[9] 김 공【이양,[10] 봉조하[11]로 호는 연천】을 이별하며

奉別巡相金公【履陽。奉朝賀。號淵泉。】

펄럭이는 깃발 슬피 바라보니	悵望旋旗動
서울로 가는 길 멀기만 하구나	長安去路遙
극문[12]에는 뛰어난 선비 많은데	戟門多俊彥
참료[13]와 시탑을 함께하셨네	詩榻共參廖
아름다운 자취 남녘땅에 남기니	芳躅留南土
청운은 서울 길에 자욱하구나	青雲滿洛橋
요즘 영남의 아름다운 풍속을	伊來嶺俗美
돌아가 태평 조정에 보고하리라	歸報聖明朝

용문사
龍門寺

걸음걸음 초제[14] 가까워지니　　步步招提近
금수강산 가을빛에 젖었네　　秋光錦繡間
호리병 속[15]에 별세계 숨겨 있고　　壺中藏別界
구름 끝에 기이한 산 솟았네　　雲際聳奇山
숲길에서 스님 만나 길 묻고　　林逕逢僧問
꽃 계단 이슬로 손을 씻노라　　花階盥露攀
두루 보니 옛 자취도 많으니　　閱來多古蹟
지팡이 멈추고 다시 돌아보네　　停策更回看

골짜기에 들어서서

入洞

골짜기 드니 길이 없는 듯　　入洞疑無路
개울 따라 다시 인가 있구나　　沿溪更有家
높은 관 때로 잎에 걸리고　　峩冠時礙葉
양 소매엔 노을이 피어난다　　雙袖逈生霞
늙은 나무에 노란 과일 남았고　　老樹餘黃果
벼랑엔 틈틈이 흰 꽃이 피었네　　懸崖間白花
깊은 밤 산중의 달이 떠올라　　夜深山月出
누각 오르니 그윽한 흥 넘치네　　幽興上樓多

저녁의 잡시
日暮雜詠

은근히 대곡사 도착하니	大谷慇懃到
어지러운 나무에 황혼 빛	黃昏亂樹中
범종 문은 절로 닫혀 있고	泛鐘門自掩
심검실은 비어 있는 듯	尋劒室如空
잠이 든 스님 애써 깨워	苦喚初眠衲
꺼진 등불 다시 켜누나	重燃滅灰燈
항상 속세의 길손 찾아와	常嫌車馬客
범왕의 집 더럽힐까 저어하네	却浼梵王宮

대곡사에 묵다

宿大谷寺

대곡사에 다시 와 묵으니	大谷重回宿
새 얼굴과 옛 얼굴이 반반	新顔半舊顔
한밤의 공양은 곳간을 기울고	夜供傾廩進
아침 술로 기쁜 정을 다한다	朝酒盡情歡
왔던 길 다시 밟아 떠나자니	更踏來時路
지나온 산과 이별이 어려워라	難分過後山
문 나서니 구름이 소매 가득	出門雲滿袖
스님은 평안히 가시라 하네	僧語去平安

가을밤 홀로 앉아
秋夜獨坐

별은 구름 속에서 반짝이고	星自雲中熌
기러기는 변방에서 우는구나	鴈從塞外鳴
시든 단풍에 느낌도 많은데	病楓偏有感
밝은 달만 더욱 다정하구나	明月更多情
낙엽은 성긴 빗소리 내고	落木疑踈雨
차가운 하늘은 먼 바다인 듯	寒天似遠溟
창을 열고 잠 못 이루니	推窓仍不寐
차가운 뜻 가을을 느낀다	凉意覺西成

매전옹【장수의 현승 이기원】 생신의 시운을 차하다
次梅田翁晬辰韻【長水丞李箕元】

생일잔치 좋은 손님 모이니　　晬席佳賓會
부평초 신세 고향 그립구나　　萍鄕憶故園
스님 올 제 산색이 생동하더니　　僧來山色動
지는 가을 대 바람만 남았네　　秋盡竹風存
홀로 어머님 그리워하다가　　獨抱堂萱感
무성하게 흰 귀밑머리 놀란다　　重驚鬢雪繁
사나운 마음 견디기 어려워　　不堪懷緖惡
남문에 기대어 휘파람 부노라　　長嘯倚南門

최생의 시운을 차하다
次崔生

뜨거운 태양도 어느덧 지고	赤日支離盡
희미한 어둠 작은 누각에 모인다	微陰集小樓
세속의 벗 모두 일신만 도모해	謀身皆俗友
도를 논하는 좋은 벗 드물구나	論道罕良儔
올가을 한가위에 다시 만나	會待新秋月
한 조각 작은 배를 띄웁시다	要浮一葉舟
유유히 그리운 이들과 함께	悠哉二三子
심금의 노래로 화답합시다	相和匣中流

원당촌에 묵다
宿元堂村

걸음걸음 앞마을 가까워져	步步前村近
두루 옛 초당을 찾는다	行尋舊草堂
맑은 하늘 연기가 담담하고	天晴烟澹澹
넓은 들에 나무들 창창하다	野曠樹蒼蒼
고향 땅 티끌 인연 무거워	鄕國塵緣重
운산으로 가는 길은 멀기만	雲山去路長
옛사람 이제 있지 않으니	古人今不在
슬프게 석양빛에 소요하노라	怊悵倚斜陽

봉서의 그윽한 거처
鳳棲幽居

구름 정상에 앉아 있다가	坐處凌雲頂
돌아오는 길 허공을 밟는다	歸程踏鳥空
지팡이 의지해 바위 오르고	倚笻仍石上
돌아보면 다시 산중이로다	回首更山中
흐르는 물에 낙엽은 떠가고	落葉看流水
성긴 종소리 저녁 바람에 들린다	踈鐘記晩風
요즈음 고요한 세계 머물렀더니	邇來留靜界
얼굴과 터럭 다시 동자 되었네	顔髮覺成童

월촌의 친구 집에 묵다

宿月村故人家

우연히 외로운 마을에 묵으니　　偶過孤村宿
수석 굽이에 꽃이 환하구나　　花明水石隈
목동은 소를 끌고 들어오고　　牧童牽犢入
늙은 농부는 낫 메고 돌아온다　　圃老荷鎌來
우연히 마주친 옛 친구의 얼굴　　邂逅故人面
은근히 탁주 잔을 권하누나　　慇懃濁酒杯
인연 따라 머물지 않음 없나니　　隨緣無不住
발걸음 재촉하지 말지어다　　行李莫須催

안국사에 묵다
宿安國寺

천 길 구름 속에 머무니	雲住千尋聳
펼쳐진 경계에 눈이 맑아진다	森森眼界淸
새 법당은 겁화를 겪어	新堂經刼火
옛 스님들 새벽별처럼 드물구나	舊釋落晨星
원숭이와 학만 함께 묵는데	猿鶴堪同宿
시내와 산 도리어 다정하다	溪山却有情
온갖 꽃 흐드러지게 피어나고	雜花方爛熳
정답게 울어 대는 골짜기 새소리	欵欵谷禽聲

맑은 밤 홀로 앉아
淸夜獨坐

금빛 모래 맑아 잠 못 이루고	金沙淸不寐
달빛 밟으며 홀로 누대 오르네	步月獨登臺
깃든 새만 벗이 될 뿐	伴有幽禽宿
찾아 주는 현달한 이 없구나	交無顯者來
강과 산은 절로 동정하고	江山自動靜
하늘과 땅은 함께 배회하네	天地共徘徊
다시 섬계의 눈[16]을 추억하니	更憶剡溪雪
배를 띄우고 은자를 방문하리	應浮訪隱杯

진불암에 쓰다
題眞佛菴

녹음이 짙은 삼월의 늦은 봄	綠樹三春暮
깊은 암자엔 상서로운 노을	深菴瑞靄飛
그윽한 꽃향기 선탑 가득하고	幽花香滿榻
높은 산 푸른빛 옷에 어린다	喬嶽翠浮衣
걸음마다 신발에 구름 일고	步步雲生屐
둥근 바위는 바둑돌 같구나	團團石似碁
고요히 세상의 허물 초월해	澹然超世累
한가히 솔 사립문을 닫노라	無事掩松扉

영양 군수의 유산 시운을 차하다

奉和永陽倅遊山韻

구루의 신선께서 오리 타고 내려와[17] 句漏僊鳧下
날마다 함께 마음을 쉬노라 襟懷日與休
산을 얘기하며 헌 납의 따르고 談山隨壞衲
시내 보며 빈 배를 수리하네 觀水理虛舟
시 아름다워 술에 어울리고 詩令還宜酒
봄 차갑지만 갖옷 필요치 않네 春寒不用裘
〈귀거래사〉[18]의 노래 늦지 말지니 賦歸應未晚
모래톱 갈매기와 약속 있다네 留約有沙鷗

봄날 누각에 올라
春日登樓

비 그친 조용한 서쪽 누각	雨歇西樓靜
올라 굽어보니 느낌도 많구나	登臨感物時
꽃 빛에 산기운 일렁이고	花光山氣動
새소리에 낮 그늘은 더디네	禽語晝陰遲
마른 나무 원래 꽃술 없는데	枯木元無蘂
봄바람인들 사사로운 정 있을까	春風豈有私
선객도 마땅히 한번 취할지니	禪家宜一醉
좋은 계절이라 시 읊기 좋구나	佳節好吟詩

봄날 우연히 읊다
春日偶吟

산 높아 아침 해 먼저 돋고	山截先朝旭
누각 낮아 저녁 그늘 쉬 지네	樓低易夕陰
말없이 오래 시내 굽어보다	無言臨水久
시구 찾아 깊은 꽃에 앉노라	覔句坐花深
방초는 모두 새 얼굴인데	芳草皆新面
청산만 홀로 옛 마음이로다	青山獨古心
다시 좋은 밤 취하고자 하니	更謀良夜醉
맑은 달 동쪽 숲에 떠오른다	晴月上東林

봄을 바라보다
望春

봄 하늘 바라보니 끝이 없는데	春天望不盡
멀리 층층 구름 열게 펼쳐졌네	遙濶澹層陰
깊은 골짜기 멀리 꽃이 피고	絶壑開花逈
외로운 암자는 깊은 안개 덮였네	孤菴隱霧渷
누각은 아침 해 맞아 깨끗하고	樓迎朝旭淨
새는 저녁연기에 끌려 사라지네	鳥拕暮烟沉
술 마시며 보매 싫증 없나니	携酒看無厭
봄빛이 사방 숲에 가득하구나	韶光遍四林

봄밤

春夜

봄바람 부는 밝은 달 밤　　東風明月夜
만산 머리에 꽃이 활짝　　花發萬山頭
태평 시대 골짜기 깃들어　　聖代空棲谷
노년에 홀로 누각 기댄다　　殘年獨倚樓
어조의 기쁨[19] 함께하지만　　只同魚鳥喜
경계의 시름[20] 풀지 못하네　　不解癸庚愁
대지의 생민 도탄에 빠졌으니　　大地生民墊
누가 세상 제도하는 배가 될까　　誰凭濟世舟

사람을 그리며

懷人

동쪽 교외 따스한 해가 길어	東郊暖日永
삼월도 청명을 맞았네	三月是淸明
술잔 마주한 시 벗도 떠나가고	對酒詩朋去
골짜기의 새만 외로이 노래하네	孤歌谷鳥鳴
그윽한 꽃은 비단 빛 펼치고	幽花開錦色
흐르는 물은 거문고를 연주하네	流水奏琴聲
용성자[21]가 있지 않았다면	不有蓉城子
누가 비연[22]의 정을 알아주었으랴	誰知秘演情

두견새

杜鵑

밤새 구름 덮인 나무에서 울더니　　達夜啼雲木
아침나절엔 푸른 산빛에 숨었네　　終朝隱翠微
원통한 마음 오랜 세월을 겪어　　寃魂經刼久
마른 몸 숲 밖에 나서는 일 드물다　　瘦骨出林稀
물색은 천년 그대로인데　　物色千年是
산하는 고국이 아니로다　　山河古國非
도리어 각박한 세태 혐오하여　　却嫌時態薄
불여귀[23]를 노래하누나　　解道不如歸

호남 벽파 대사의 금강산 시운을 화답하다

和湖南碧波大師金剛韻

일만 이천 봉의 명승지를	萬二千峯勝
이름만 듣고 보지 못했네	聞名未見山
부럽다 그대 옷깃 떨치고 떠나	羡君拂衣去
나보다 먼저 채찍 잡고 구경했구려	先我着鞭看
바랑엔 향성[24]의 빛 가득하고	囊滿香城色
신발은 찬 옥빛 폭포에 젖었네	屨沾玉瀑寒
자주 스승님의 꿈에 놀라서	頻驚恩室夢
그윽한 새와 함께 돌아왔다네	幽鳥與同還

친구를 그리며
憶故人

온갖 소리들 밤 들어 그치고	羣喧入夜息
소사[25]의 누각 달빛 비친다	蕭寺月生樓
좋은 시구에 누가 화답할까	佳句吟誰和
영서[26] 흩어진 채로 버려둔다	靈書散不收
청산이 옛 꿈에 들어오니	青山仍舊夢
한잔 술에 시름이 새롭구나	白酒更新愁
어짊과 지혜는 무궁한 보배이니	仁智無窮寶
자성 가운데 지녀 오리라	吾將性裏來

다시 앞 운을 써서 소주 군수 김 공에게 드리다
再用前韻奉呈韶州倅金公

따스한 햇살 남은 추위 다하니	日暖餘寒盡
곳곳에 봄기운이 물씬하구나	氤氳處處春
산빛은 주렴 밖에 일렁이고	山光簾外動
새소리는 고요한 가운데 새롭다	禽語靜中新
사업은 세태를 따르는데	事業從時態
풍류는 옛사람을 생각한다	風流憶古人
시 짓고서 술잔을 따르나니	詩成仍小酌
그윽한 흥에 자주 난간 기댄다	幽興倚欄頻

봄날 매전옹과 함께 읊다

春日與梅田翁共賦

늙어 감에 마음 맞는 일 없는데	老大心無適
세월은 흐르는 물과 같구나	光陰若逝川
행실 미덥게 자주 땅 돌아보고	信行頻顧地
분수 지켜 다만 하늘을 따른다	守分只聽天
어느덧 잘못을 알 나이[27] 지나가고	倏過知非歲
벌써 『주역』을 읽을 나이[28] 되었구려	輥來讀易年
다정타 매화 아래 늙은이여	多情梅下叟
침상을 함께하자며 만류하네	留我一牀眠

서호를 행각하다 임하성과 함께 치산에서 묵다
西湖行與林夏成宿雉山

산수는 어디가 으뜸인가　　山水誰爲最
서호를 일찍부터 들었네　　西湖夙所聞
흉금엔 끝없는 들 펼쳐지고　　胷襟無盡野
발걸음마다 이는 구름　　杖屨欲生雲
마을의 술에 나그네가 멈추고　　村酒能留客
외로운 등불에 그대를 만났네　　孤燈又得君
기러기 따라 진경을 찾은 후　　尋眞隨鴈後
자장의 글[29] 훌륭하게 지으리　　好作子長文

비가 내려 수도암에 체류하다

滯雨修道

작은 비 길손을 만류하여	小雨能留客
며칠의 일정 지체하였네	頹然數日程
수마로 반나절을 보내고	睡魔消半日
맑은 경쇠 소리 삼경에 앉았네	淸磬坐三更
다정한 스님들의 환대	多感諸僧欸
맞이하는 두 눈동자 푸르구나[30]	相邀兩眼靑
그윽한 새소리도 흩어져	幽禽聲碎碎
쉬이 숲 나서는 나를 비웃네	嘲我出林輕

서번으로 가는 도중에

西番道中

천천히 삼십 리 길 가다 보니 徐行三十里
어느덧 서번 땅을 지났네 倏爾過西番
농부도 길을 잘 일러 주고 田父能知路
스님도 얘기할 만하누나 闍梨可與言
들바람에 보리 물결 이는데 野風翻麥浪
죽통에 물 흘려 모를 적신다 筧水潤秧蕃
효령 객점에서 아침을 먹고 朝食孝令店
장내 마을을 찾아가리라 將尋場內村

아침에 장내를 출발하다
朝發場內

옛 친구 나를 기쁘게 맞아	故人迎我喜
천천히 장내를 한번 노닌다	欵欵一遊場
이를 잡으며[31] 도를 논하고	捫虱當論道
먼지를 쓰니 침상도 누울 만	掃塵可臥牀
지팡이 짚고 햇빛을 보니	客節看日色
마을 술에 꽃향기 스미네	村酒入花香
이별 임함에 뜻은 아직 남아	臨別猶餘意
다시 은근히 술잔을 잡노라	慇懃更把觴

매전이 운을 들어 함께 읊다【2수】

梅田拈韻共賦【二首】

[1]

구름 개자 높이 읊조리고	高吟雲捲處
밝은 달빛 아래 생각한다	思想月明時
매화 아래 참으로 청고한 몸	梅下身何苦
숲 사이 자취도 기이하구나	林間跡亦奇
병 깊으니 창가의 해도 길고	病深窓日永
하늘 멀어 학서[32]도 더디네	天遠鶴書遲
결사의 계책 장차 이루려고	結社將成計
옅은 안목으로 문장을 엿본다	文章測管窺

[2]

서쪽으로 떠나는 길 맞추어	爲趁西征馬
가을바람에 초목도 황량하다	秋風草木荒
인정은 호랑이 달리듯 위태하고	人情危虎走
세사는 잃어버린 양만 쫓누나[33]	世事逐羊亡
각박한 풍속 그대 탄식하리니	薄俗翁應歎
깊은 교분 내 어찌 잊을까	深交我豈忘
깊은 밤 산길에서 묵으니	夜闌山路宿
차가운 이슬이 의상을 적신다	寒露灑衣裳

장 주서[34]에게 화답하다

奉和張注書

마음 담박하게 서로 비추어　襟期淡相照
때로 우중에도 찾아가나니　時復雨中尋
오동나무 빛은 바람에 맑고　蕭灑叢梧色
사찰의 숲은 적료하기만　寂寥秖樹林
많이 들어 옛 도리 간직하며　多聞猶蘊古
널리 알고 또 오늘을 논하네　博識又論今
서쪽에서 오신 뜻[35] 묻지 말라　莫問西來旨
실낱 자취 사라진 지 오래이니　如絲久已沉

원운 原韻

늙어 감에 한가히 일 없는데　老去閒無事
그대만이 왕왕히 찾아 주네　伊人往往尋
차 달이며 시냇물 굽어보고　烹茶臨澗水
지팡이 의지해 구름 숲 나서네　扶杖出雲林
지기는 유불의 구분이 없으니　知己無儒釋
문장 논하며 고금을 얘기하네　論文語古今
차마 서로 헤어지지 못하는데　相逢不忍別
산중의 해는 서쪽으로 지려 하네　山日欲西沉

명률의 운을 잡아 매전에게 삼가 화답하다【3수】
拈明律韻奉和梅田【三首】

[1]

일찍이 수도암 폭포를 들었나니 曾聞修道瀑
날리는 포말이 층대를 이루었네 飛沫作層臺
단사와 옻은 시내 따라 익어 가고 砂漆沿溪熟
소나무 녹나무 절을 둘러 심었네 松楠匝寺栽
삼명[36]에 나는 내려오는데 三明吾以降
초저녁 그대는 어디에서 오는고 薄暮子何來
밤 깊도록 가을빛 얘기하노라니 夜久談秋色
등잔의 불꽃만 쉼 없이 깜빡이네 燈花落又開

[2]

청라 옷으로 작은 선탑 깃들어 蘿衣容一榻
한가한 날 함께 누대에 오르네 暇日共登臺
남녘땅에서 헛되이 늙어 가는 몸 南土身空老
동쪽 울타리에 몇 그루 국화 심었나 東籬菊幾栽
엷은 구름 바위 가에 머물고 薄雲巖際宿
외로운 달은 물결에서 비춰 오네 孤月浪中來
도리어 기쁜 것은 긴 오늘 밤 却喜今宵永
그윽한 회포 잠시나마 펼친 것 幽懷得暫開

[3]

서늘한 밤 하늘은 강물 같은데 夜凉天似水
구름 개자 달이 누대로 오르네 雲盡月升臺

집을 둘러 기이한 꽃 피어나고 繞屋奇花發
뜰에 가득 아름다운 나무 심었네 滿庭嘉木栽
가을바람 높아 늦벼도 익어 가고 風高晩稻熟
엷은 서리에 먼 기러기 날아오네 霜薄遠鴻來
이른 국화 남은 가지 아직 있어 早菊餘枝在
일부러 나를 기다렸다 피는 듯 故應待我開

서암을 애도하다【2수】

悼瑞巖【二首】

[1]

모월 십삼일 밤에	月之十三夜
오작 소리에 꿈이 어지럽더니	夢亂烏鵲啼
포시[37] 되자 부음 이르러	至晡凶音來
눈물 흘리며 홀로 슬퍼하네	灑涕心獨悽
지난 사월 그믐께	曩在四月晦
처음 병든 소식 들었더니	始聞馱病報
목숨이 거의 끊어질 듯하여	云云命幾絶
호남에서 옮겼다 하였네	馱自湖南路
내 말하길 여행의 고단함이란	吾謂擔笶[1)]勞
평상시에도 여전히 괴로워	尋常猶劇苦
쉽게 회복하리라 여겼더니	應復得易蘇
금년에 요절할 줄 뉘 알았으리	孰知今年夭
기질은 비록 약한 듯하였으나	氣質雖似弱
우리 도를 전하리라 그대만 믿었거늘	專恃授吾道

1) ㊍ '笶'은 '策'인 듯하다.

[2]

지난해 심송회에서　去年尋松會
그대 먼저 나를 맞아 웃으며　君先迎我笑
화락하게 바른 도리 논하니　衎衎論正義
산중의 해 저문 줄도 몰랐지　不知山日暮
때때로 병이 발작하면　有時病或作
내 허둥지둥 차를 달였고　遑遑吾煑茶
문득 신음 소리 그치면　遽然吟呻祛
다시 서로 마주보며 웃었네　後乃相笑多
나그넷길엔 더욱 다정하여　客遊倍多情
아양[38]의 즐거움 누렸으며　峩洋相得樂
마음 기약하여 나이 잊었고　襟期却忘年
강학의 여가에 한가히 유희했네　講餘閒戲謔
늘그막에 지음을 얻어서　晩路得賞音
훗날 팔공산 곁을 기약했는데　後期公岳側
이 세상에 다시 못 보리니　斯世不復見
생각하면 부질없이 슬프구나　思之空惻惻
송암에서 가을날 이별할 제　松菴秋別時
네댓 마음의 벗과 어울려　四五與心交
술잔을 서로 마시며　杯酒相將飮
함께 만수교를 건넜네　共渡萬水橋
간곡히 나에게 말하기를　丁寧爲我語
잡화[39] 다 캐어 돌아가라 하고　盡採雜花還
훨훨 각자 기로에서 헤어지면서　聯翩各分岐
걸음마다 지팡이 멈추고 보았네　步步停策看
그대 병들었을 때 살피지 못했고　君病吾未視

그대 죽음에도 염습하지 못하여	君死吾未殮
참으로 저버림이 많으니	固知多所負
어찌 남은 한이 없으리오	安得無遺憾

소주 현령 김 공에게 드림

奉呈韶州倅金公

봉성의 춘삼월	鳳城春三月
진달래 가지에 꽃이 가득	花滿杜宇枝
사군[40]은 만발한 꽃을 보고	使君看花發
나를 불러 그윽한 약속 정했네	呼我卜幽期
꽃 마주하여 술 단지 차리고	對花設壺觴
〈귀거래사〉 읊어 흥을 돋았으며	佐以歸去辭
시를 논하니 날도 고요하고	論詩白日靜
촛불 잡고 노니 밤도 더디었지	秉燭夜遊遲
맑은 거문고에 달은 창을 비추고	琴淸月窺窓
공관 뜰엔 아전들도 물러나	公庭吏退時
주묵[41]의 여가에	朱墨有餘暇
거북이로 받친 평상[42]도 소쇄했네	蕭灑床上龜
남녘땅에 고승이 없으니	南土無高僧
누구에게 옷을 남겨 주리[43]	遺衣其爲誰
인연 무거워 시를 내려 주고	緣重惠投詩
은혜 깊어 술잔 하사하셨네	恩深傾賜巵
해진 납의 속에 품었던 주묵[44]을	弊衲襯朱墨
어리석음 잊고 책상에 내려놓고	下榻忘狂癡
애써 아름다운 가르침 받들고	亹亹承嘉誨
보잘것없는 졸렬한 시 지었네	沾沾叙拙詞
맑은 바람에 금어[45] 움직이고	淸風動金魚
대나무 그림자는 자주 옮겼나니	竹陰頻看移
돌이켜 보니 나는 어떤 사람인가	顧余是何人

뒤따르고자 하나 길이 좇지 못하네	欲隨未長追
한번 이별한 뒤로부터는	一自離袂後
슬픔으로 배가 주린 듯	悵悵惄如飢
남녘 고을 멀리 바라보지만	南州在望中
소식은 다시 알 수가 없네	聲息不復知
시내 보며 맑은 모습 생각하고	臨水思其淸
달빛 대하면 그 위의 그리워	對月想其儀
정헌에 자주 찾아뵙고자 하나	政軒頻欲訪
담대의 비웃음을 저어하네[46]	却恐澹臺嗤
산중에서 홀로 봄을 보내니	山中獨送春
어찌 불평한 심사 견디랴	那堪不平思
길이 외져 편지도 드무니	路左音書罕
먼 산에 꿈에서나 찾아가리	山長夢魂飛
다만 하늘 가운데 달빛만	惟有天心月
남북으로 밝게 비춰 주네	南北照垂垂
나의 목과시[47] 부끄러우니	愧我木瓜詩
그대의 아름다운 시를 바라랴	敢望投瓊琪

쌍비사를 지나다 불길에 그슬린 불상을 탄식하다
過雙飛寺歎佛像火痕

높은 산 푸른 병풍처럼 서고	峩峩翠屛列
차가운 돌 여울물 울리니	冷冷石灘鳴
소사가 그 가운데 숨겨져	蕭寺隱其間
협곡의 길 길게 둘러 있네	峽路紆而縈
웅장한 전각 우뚝 서 있어	雄殿傑然立
비바람에 깎이고 기울어	風磨雨以傾
더러운 흔적 황면[48]에 엉기니	汗痕凝黃面
겁화를 겪었다고 말하누나	云是刧火經
대웅[49]의 대비심 간절하시어	大雄大悲切
크게 적시어 유정을 깨우치고	弘滲覺有情
불구덩이 속에서 구해 내니	救了火坑中
금선의 모습 근심스럽구나	金容愁不寧
대나무 숲 점차 무성해지고	竹林轉扶踈
시내의 새도 불평을 노래하네	溪鳥語不平
벌목꾼이 날로 산에 들어가	斧斤日入山
첩첩 산 벗겨져 푸른빛 잃었네	疊嶂赭不靑
선반에 선객의 발우도 적어	禪鉢未稱架
남은 스님 새벽별같이 적구나	殘僧若曉星
우리의 불도 정히 묶였으니	吾道政羈束
슬프게 성긴 경쇠 소리 듣노라	悲懷踈磬聽
시내는 우거진 풀 적시며 울리고	澗入衰草咽
누각은 목석의 향기 머금었네	樓含木石香
스님이 나를 맞아 웃으니	緇衣迎我笑

진흙 단지엔 탁주가 가득	瓦樽濁醪盈
대나무 숲속 여린 싹을 따서	披竹折苗芽
흰쌀밥과 함께 대접하네	餽之桂玉并
배회하며 하루를 머물러	盤桓過一宿
삼경에 앉으니 느낌도 사라졌네	感廢坐三更
주인의 뜻 참으로 고마운데	多謝主人意
다시 초제의 모습을 탄식하네	兼歎招提形
산신령에게 축원하여 말하노니	爲祝山靈語
지혜의 횃불 어느 때나 밝을까	慧炬何時明

봉성 군수 김 공【이복】께 삼가 화답하다
奉和鳳城倅金公【履福】

산승이 깊은 노을에서 나와	山僧出溇霞
주장자 짚고 남동쪽 헤매니	卓錫迷南東
찬연히 빛나는 구포[50]의 봉	燦然九苞鳳
뉘 집 오동에 깃들어 늙을까	棲老誰家桐
거문고의 마음 옥빛 시내처럼 맑아	琴心玉澗淸
층층 누각에 취옹[51]이 누웠어라	層樓臥醉翁
풀 헤치며 서쪽 들 전전하니	披披轉西陌
백곡의 향기에 정신이 맑구나	百穀精神通
생성은 진실로 하늘의 뜻이나	生成固天意
도야하여 변화함은 사람의 일	陶化亦人功
물병과 발우[52] 본래 매임 없건만	甁鉢本無累
여전히 한 해의 풍년을 기원하네	猶自願歲豊

칠언절구
七言絕句

삼가 순상 이 공【병모】의 운을 차하다
伏次巡相李公【秉模】

상봉 연못에 담담한 바람 불어오니　　翔鳳池頭淡淡風
함께 배 탄 신선 벗 모두 명공이라　　同舟仙侶盡名公
알겠구나, 밤마다 남쪽 누각의 꿈은　　定知夜夜南樓夢
아마도 향연 따라 궁궐을 맴돌리라　　應逐香烟繞禁中

원운 原韻

붉은 삼나무 자줏빛 대 미풍에 흔들려　　紅杉紫竹弄輕風
잠에서 깨니 맑은 이내 팔공산 가득하다　　睡起晴烟滿八公
일흔한 고을 공문서 쓰기도 지쳤나니　　七十一州題簿倦
산가지 사이에 책 읽는 소리 들려온다　　讀書聲在數籌中

달성 판관 서 공 유승을 모시고 제월 화상과 함께 산에 놀며 읊다【서 공의 호는 만재이다.】

陪達判徐公有升。與霽月和尙遊山共賦【徐公號晩齋】

구월의 단풍 맑은 시내에 비치고 丹楓九月暎淸溪
푸른 산빛에 해그림자 낮구나 山意蒼蒼日影低
사군께서 흥을 타고 오신다기에 聞道使君乘興過
지팡이 짚고 석문 서쪽에서 기다렸네 短笻來待石門西

원운 原韻

운수납자 표연히 호계[53]를 지나 雲衲飄然過虎溪
게송 한 소리에 사방 산이 고개 숙이네 一聲偈語四山低
매화 그늘에서 못다 한 노래 다시 잇는데 梅陰餘唱今還續
어둑한 솔과 환한 단풍에 해는 서쪽으로 松暗楓明日欲西

【만재(右晩齋)】

은빛 안장의 오마[54] 산골짝을 지나 銀鞍五馬過山溪
누각에서 얘기하니 달도 지는구나 陪話高樓月欲低
옅은 녹색 황색의 끝없는 숲속에 淺綠嫩黃無限樹
새소리 시내 소리 동서에 울리누나 禽篁澗瑟奏東西

【제월(右霽月)】

늦봄에 읊다

暮春吟

늦은 봄 곳곳에 꽃이 피니　　暮春無處不開花
좋은 향기 전날 밤 비에 풍긴다　　佳氣前宵送雨來
천석의 골짜기에 취미도 많으니　　泉石洞中多趣味
따스한 바람과 햇볕이 술 마시기 좋구나　　和風暖日可含杯

성 동쪽 만취에게 부치다

寄城東晩翠

동림[55]의 그윽한 흥취 아는 이 적어	東林幽興少人知
한없이 푸른 산 너머를 그리노라	無限相思隔翠微
묻노라 봄이 오면 몇 수의 시를	爲問春來詩幾首
서찰 담아 남쪽 기러기에 부치려나	一封書札鴈南飛

시은[56] 이능옥에게 부치다

寄市隱李能玉

저자에서 주렴 내린 엄군평[57] 생각하니	下簾朝市憶君平
흥취는 서봉의 달빛과 어울려 맑았지	興入西峯月共淸
이별 후 흐르는 세월 봄도 다 가니	別後流光春欲盡
낙화와 방초에 정을 가누지 못하네	落花芳草不堪情

자선에게 부치다

寄子善

서까래 같은 큰 붓[58] 그대 잘 휘두르니	如杠巨筆子能揮
글씨 마치자 마애에 무지개와 달이 빛난다	書罷磨崖虹月輝
유자와 불자 다르지만 마음은 합치되니	儒釋雖殊心契合
그대와 숲속에서 서로 의지하고자	與君林下欲相依

일라에게 부치다
寄一懶

본 적 없어도 이미 마음 알았나니	不曾相面已知心
시내의 달 언제나 함께 노래할꼬	溪月何時共和吟
한 번도 오지 않고 꽃은 지려는데	一者不來花欲盡
숲속의 새 우는 소리만 들려오네	隔林啼鳥謾流音

이 사문에게 화답하다

奉和李斯文

십 년을 깊은 산에서 부처 염송하니	十載窮山誦佛陀
몸 밖의 헛된 명예 저절로 웃음만	浮名身外自呵呵
시내의 창문에 동루의 달 깃드는데	溪窓却寄東樓月
손안의 둥근 염주 백팔 번 어루만진다	掌上輪珠百八摩

홀로 자다
獨寢

화로 향 스러지고 달이 창에 비치니	爐香初歇月臨窓
고요한 방에서 아득히 홀로 누웠네	靜室涔涔獨臥床
어찌하면 평생의 마음 벗 함께하여	安得平生知己友
흉금과 도를 얘기하며 긴 밤 지샐까	論襟談道達宵長

정 대웅의 시운을 차하다
次鄭大雄

만물과 하나 되어 이름 없음 기뻐하니	禽魚混跡喜無名
밝은 달만 찾아 주어 참으로 다정하다	明月相尋儘有情
자신의 수양이야 어찌 유불이 다르랴	修己何曾儒釋異
사문에서 남긴 교훈은 경과 성이거늘	師門遺訓敬而誠

이 석사의 시운을 차하다
次李碩士

어디서 오신 호걸이 내 이름 묻나	何來豪士問吾名
얼굴 처음 보지만 정은 오래인 듯	新面相看似舊情
슬프다 한 번 만나고 다시 이별하니	惆悵逢場還作別
그대에게 정성껏 독서하라 권하네	勸君愈篤讀書誠

맑은 가을날 개울 입구를 걷다
秋晴少步溪口

줄곧 서늘한 바람 부는 팔월 초	一味涼風八月初
하늘빛과 구름이 신선의 집에 담담하다	天光雲影澹仙居
과일 향기와 익은 벼 모두가 참 멋이니	果香稻熟皆眞趣
가을의 넘치는 흥취 비로소 느끼노라	方覺秋來興有餘

달밤에 벗과 함께 놀다

月夜與人同遊

오늘밤 기쁘게도 달빛이 더욱 밝아	今宵最喜月華多
맑은 유람하며 술집을 묻노라	爲設淸遊問酒家
함께 밤을 새워 취함도 좋으리니	與爾不妨終夕醉
뜬구름 인생 이런 모임 드무나니	浮生此會罕常過

봉서의 유거
鳳棲幽居

청동화로엔 약초가 익어 가는 향기	銅爐藥熟自生香
새소리에 청산의 낮 꿈이 길도다	啼鳥靑山午夢長
일어나 책 몇 쪽 들추어 보노라니	起視殘書翻數葉
한 줄기 맑은 바람 등상에 불어 온다	淸風一抹在藤床

황산의 운을 차하다

次黃山韻

옛날 나그네로 금산 머물렀는데	昔年爲客住金山
다시 오니 물색은 옛 모습 그대로	物色重來摠舊顏
친한 벗 나를 맞아 한 번 웃고서	更有故人迎一笑
백화 사이에서 함께 흠뻑 취하네	陶然共醉百花開

삼월에 길을 가다
三月道中

해마다 옛 산하에 봄이 들어	年年春入舊山河
강 언덕에 붉은 꽃 흰 꽃이 피어난다	紅白交開挾水涯
호탕한 풍광은 곳곳마다 아름다워	浩蕩風光隨處好
야인의 집에도 푸른 버들 춤을 추네	婆娑綠柳野人家

순상 연천공을 이별하며【2수】

奉別巡相淵泉公【二首】

[1]

머나먼 서울 꿈속에 먼저 날아가	超超北闕夢先飛
어머님 문안하고 색동옷 춤추네[59]	定省萱幃舞彩衣
삼 년간 관찰사로 혜택 고루 펼치니	按節三年均惠澤
영남 백성들 드문 일이라 칭송하네	嶺民爭道古來稀

[2]

푸른 봄 벗을 삼아 행장을 꾸리고	靑春作伴理歸裝
새벽에 남성 떠나 서울을 향하네	晨發南城向洛陽
태평 조정 임금님 보필이 필요하니	袞職淸朝需黼黻
흰 비석[60] 말없고 산수만 유장하네	白碑無語水山長

가야산으로 향하다, 순상 이 공【존수】을 알현하고

向伽倻時謁巡相李公【存秀】

산승의 자취는 청산에나 어울리거늘	山人踪跡可靑山
성시에 배회하니 스스로 부끄럽네	自愧徘徊城市間
한 공[61]이 이 세상에도 없지 않으니	未信韓公無此世
달 아래 문 두드리며[62] 돌아가길 잊었네	椎門月下却忘還

병옹의 시 풍격은 푸른 산빛이라	屛翁詩骨已靑山
시 상자 사이에 금석[63] 소리 맑도다	金石寥寥箱篋間
알괘라 떨어진 깃털도 안타까운데	乏知落羽猶堪惜
선금[64]은 떠나 돌아오지 않는구나	其奈仙禽去不還

【상공의 차운(右相公次韻)】

나는 구름 보고 우는 새장의 새 신세	我如籠鳥向雲吽
스님은 버들 꽃처럼 뜻 따라 휘날리네	師似楊花隨意飛
오늘 밤 달성의 달빛 한이 없으니	今夜達城無限月
무릉교 위에서도 남은 빛을 상상하리	武陵橋上想餘輝

【상공이 떠나는 길에 주다(右相公贐行)】

연초당 시운을 차하다

次燕超堂韻

연초당 한가하고 속세의 일 적어서	燕超堂閒少塵事
가을이 이르니 백 편 시도 너끈하네	秋到詩篇百首能
글과 술의 풍류는 북해[65]를 경도하니	文酒風流傾北海
한 구절 쓸 때마다 술이 한 잔씩일세	一聯題罷一觴仍

옥산의 독락당

玉山獨樂堂

푸른 대나무 무성한 독락당에	綠竹猗猗獨樂堂
나그네 올라 석양빛에 기대었네	登臨客子倚斜陽
소요하던 발자취 언제였던가	逍遙杖屨何時在
봄날 솔과 계수만 남았구나	松桂春來空一場

개울가 정자
溪亭

종일 개울가 정자 앉아 탁영[66]하니	濯纓終日坐溪亭
꽃과 대 물에 비쳐 경계 더욱 맑구나	花竹臨流境更淸
무릉도원이 예 아니고 어드메랴	所謂桃源非此否
평생에 시비 소리 이르지 않으리라	平生不到是非聲

우연히 읊다【2수】

偶吟【二首】

[1]

미끄러운 진흙에 산새가 지저귀는데　山鳥能言滑滑泥
취한 나그네 구름사다리 오르기 겁나다　遊人醉㤼上雲梯
푸른 이끼 흰 바위 걸음마다 아름다워　蒼苔白石行行好
봄날 숲속에서 제멋대로 우는구나　認是春林自在啼

[2]

바위 누대 구름은 사시에 자욱하여　巖臺雲氣四時蒸
꽃비가 내리는 제천이 눈앞일세　花雨諸天只隔層
백 척 높이 오름도 한 걸음씩 차근차근　百尺躋攀由分寸
세상의 어려운 일도 힘쓰면 이루어지리　世間難事勉皆能

가야산 학사대

伽倻山學士臺

고운[67]이 떠난 후 높은 누대만 남아　　孤雲去後有高臺
시내 잔잔히 흐르고 새들의 노래만　　澗水潺潺鳥自歌
맑은 경쇠 소리에 우두커니 섰노라니　　淸磬聲中仍佇立
석양빛 숲 아래 스님 하나 돌아오네　　夕陽林下一僧廻

급상대
汲湘臺

구름에 기댄 누대 천연히 이루어져	臺憑雲際自天成
먼 나그네 애써 오르니 사방이 푸르다	遠客勞登四望靑
밝은 스님 돌아가신 후 자취를 물으려니	欲問明師歸後跡
푸른 산 말이 없고 새만 괜스레 우는구나	碧山無語鳥空鳴

심진동

尋眞洞

흰 바위 곳곳에 시를 쓸 만하니　　白石頭頭可寫詩
동천의 초속한 모습 더욱 맑구나　　洞天超俗倍淸奇
시내 따라 종일 근원 찾아 오르니　　沿溪盡日窮源去
암자는 덕유산 한 자락에 있구나　　菴在裕山第一枝

법화암
法華菴

산골길 올라서 고개 멀리 지나니 峽路登登度嶺遐
산기슭 깊은 곳에 선가가 있구나 翠微深處有禪家
뜰 가득 꽃 피고 한가히 일없는데 滿庭花發閒無事
상계에서 『법화경』 낭송 소리 들리네 上界惟聽誦法華

문수암
文殊菴

길을 돌고 산을 돌아 옛 절 깊으니	路轉峯回古寺深
올 적에 솔 그늘에서 여러 번 쉬었네	來時三度憇松陰
보전의 문 열리자 삼존불 미소 지으니	寶殿門開三佛笑
지는 꽃과 새소리가 선객의 마음이라	落花啼鳥摠禪心

이자윤에게 주다

贈李子潤

낙화 방초 정히 아름다운 시절에	落花芳草正佳時
백아의 거문고 종자기를 만났네	伯也孤琴遇子期
슬프다 서로 만나 그대로 이별하니	惆悵相逢仍作別
한 번 만남은 십 년 그리움 풀기 어렵네	一場難解十年思

윤 사문에게 주다
次尹斯文

백련사에서 안 지 이미 여러 해 蓮社相知已幾年
이제 다시 와 옛 인연 이었노라 今來重續舊因緣
한 단지 술로 선등 아래 얘기하니 爲將樽酒禪燈話
산과 시내 꽃 피고 달빛은 하늘 가득 花滿溪山月滿天

대신 만사를 짓다
代輓

쓸쓸한 초당에 주인도 바뀌고	草堂寥落主人非
세상일은 능곡처럼[68] 변화하네	陵谷依然世事移
고목에 새 꽃이 피니 한없는 정	老樹新花情不極
봄바람에 자고새만 날아가네	春風只有鷓鴣飛

달성의 서생을 이별하며

別達城徐生

넝쿨 잡고 바위에 앉으니 뜻이 유유한데　　攢蘿坐石意悠悠
낙엽 지는 가을 이별의 한 못 견디겠네　　別恨何堪落木秋
밝은 달도 오늘 밤의 아름다움 알리니　　明月知應今夜好
나와 함께 선루에서 지새는 것도 좋으리　　不妨同我宿禪樓

노스님의 설법에 감사하며

謝老碩德說法

내 때때로 설법을 듣나니	說法時時聽者吾
늙은 솔은 풍설에도 청고한 소리	老松風雪韻淸高
숙세에 심은 인연 깊으셨는지	如非夙植因緣重
병든 몸으로 수고로움 마다 않으시네	抱病那能不厭勞

봄을 노래하다
詠春

봉우리마다 맑은 경치 넘쳐나	淑景偏多立立峯
저녁 숲 바람에 시정이 넘치네	詩情浩蕩晚林風
태평의 기상을 봄날에 얻었나니	太平氣象春來得
꽃 피어 산빛과 시내에 어렸네	花發山光水影中

동군[69]을 축하하다
賀東君

밤 들어 산비 가늘어 소리 없더니 夜來山雨細無聲
성대한 봄빛이 나무 끝에 푸르네 密勿春光木末青
대지의 만물을 가만히 적셔 주니 大陸同時潛潤物
요임금 큰 덕을 형용하기 어렵네[70] 蕩如堯德儘難名

황 석사의 유산 시운을 차하다
次黃碩士遊山韻

봄을 보내는 시구 붉은 꽃 애석한데	餞春佳句惜殘紅
구름 속 단란한 모임 만 생각 그친다	團會雲間萬念空
다시 꾀꼬리가 좋은 뜻을 아는지	叓有黃鸝知好意
건너 숲속에서 노랫소리 보낸다	兩三聲送隔林中

달밤에 누각에 올라

月夜登樓

동림의 맑은 달 선의를 비추는데	東林晴月照禪衣
백 척 누대 오르니 나는 듯 상쾌하다	百尺樓登快若飛
백설가[71] 마치고 괜스레 슬피 바라보니	白雪歌終空悵望
망망한 우주에 지음이 드물구나	茫茫宇宙賞音稀

이 석사 능옥의 시운을 차하다

次李碩士能玉

이끼 시내에 지팡이 걸음마다 위태위태	杖策苔溪步步危
산빛은 녹음 짙을 때 더욱 아름다워	山光偏好綠陰時
먼 곳의 벗 찾아와 좋은 계절에 취하고	遠友相隨佳節醉
아이 불러 늦은 꽃가지 찾아 꺾는다	呼兒覔折晩花枝

정안과 거홍 제군이 봄을 완상하고 돌아가며 시를 지어 화답하기를 요청하다
定安巨洪諸君賞春歸賦詩要和

한 단지 술로 제공을 전별하니	一壺酒盡餞諸公
시내에 꽃잎 떠 골짜기 나선다	澗水浮花出洞中
우는 새 곁에 우두커니 서서	啼鳥聲邊仍佇立
숲 건너 늦은 봄바람 애석해하노라	隔林重惜暮春風

숲을 나섰다가 돌아왔는데 화산의 아객[72]이 시를 남기고 갔기에 삼가 차운하여 사례하다
出林而返華山衙客留詩而去謹次以謝

명성과 기개 뵙지 않아도 통하니	聲氣凝然不面通
남긴 시 진중하여 옛사람의 풍격	留詩珎重古人風
돌아와 양춘의 노래[73] 부르려 하니	歸來欲唱陽春曲
등라의 달과 솔의 창 함께 못해 한스럽네	蘿月松窓恨未同

강 처사의 시운을 차하다

次康處士

푸른 산 이는 구름은 고승의 발자취	雲生碧峀高僧躅
앞 시내에 비친 달은 처사의 흉금	月印前溪處士襟
비에 티끌 씻겨 산 더욱 아름다운데	雨洗塵埃山更好
석양의 선루에 앉아 마음을 논한다	禪樓斜日坐論心

야동 신 사문의 시운을 차하다
次野洞辛斯文

오늘 백련사에서 반나절 인연 맺어	蓮社今成半日緣
한 단지 술 기울이고 시를 짓는다	一樽傾後又詩篇
그대를 알아[74] 이제 맑은 인연 족하니	識荊從此淸緣足
약속 두어 다시 별천지 찾아 주소	有約重尋別界天

석담 김 사문의 시운을 차하다
次石潭金斯文

보화루에서 스님 함께 얘기 나누더니	寶華樓上携僧話
꾀꼬리 울며 돌아가고 동쪽에 달 떴네	黃鳥啼歸月出東
한스럽게도 맑은 인연 다하지 못하고	可恨淸緣今不盡
발걸음 이어 천천히 산기슭 내려가네	聯筇遲下翠微中

깊은 밤 홀로 앉아

夜深孤坐

깊은 밤 홀로 앉아 뜻이 더욱 유장한데	默坐深宵意夏長
온갖 소리 그치고 화로의 향기만	萬喧俱寂一爐香
어찌하면 백억 수미산 정상에 올라서	安登百億須彌頂
일월 같은 마음의 빛을 비출까	照得心明日月光

영화당 유인의 시축 운을 차하다【3수】

次永和堂惟仁軸中韻【三首】

[1]

소쇄한 선암에 납승은 하나　蕭灑禪菴一衲僧
맑은 강 가을 달이 심등을 비추네　澄江秋月照心燈
때때로 선정에서 깨어나 말없이　有時出定還無語
한가한 층층 구름 가만히 바라보네　坐看閒雲淡作層

[2]

쓸쓸한 선림에 선정에 든 스님　蕭索禪林定有僧
온갖 인연 공적하고 심등만 빛나네　萬緣空寂一心燈
사바세계[75] 연지의 업[76] 헤아려 보면　婆娑可占蓮池業
구품의 요대가 한 층 건너 있구나　九品瑤臺只隔層

[3]

십 년을 무심히 암자를 나서지 않고　十載忘機不出菴
울타리의 그윽한 새와 청담을 나눴네　隔籬幽鳥做淸談
사발에 솔차 가득 흰 눈썹의 늙은이　松茶滿椀厖眉老
도 즐기는 맑은 명성 영남에 가득하네　樂道淸名大嶺南

정생의 시운을 차하다

次丁生

십 년간 독서하며 숲을 나서지 않아	十載看書不出林
형창[77]의 신세 괴로움과 추위 겪었네	螢窓身世苦寒侵
책 속에 마음 담가 활짝 트이니	潛心卷裏空明透
천만 가닥 실올을 한 바늘에 꿰었네	萬縷千綜貫一針

병산으로 가는 신녕 수령 홍 공을 이별하며
奉別新寧倅洪公之屛山

갑작스런 부슬비 문득 개이니	倏爾陰霏倏爾陽
같은 하늘 가을 기운 참으로 무상타	一天秋氣太無常
이합과 영욕도 원래 이와 같으니	合離榮辱元如此
지는 해에 병산 길손과 술잔을 나누네	落日屛山客共觴

복주를 지나다 이 상사【춘백】와 함께 운을 들어 읊다
過福州與李上舍【春伯】拈韻共賦

바라보는 연화[78]가 십 리에 가득한데　望裏烟花十里平
석양의 복주성 석장으로 날았네　夕陽飛錫福州城
맑고 흰 모래톱 갈매기 조용하고　晴沙渾白鷗心靜
강가 숲 푸른 곳 제비 소리 맑구나　汀樹交蒼燕語淸

중양일에 영천 옛 사군 홍 공을 추억하며【2수】

重陽日憶永川舊使君洪公【二首】

[1]

국화는 예전의 가을과 같은데 黃花猶似舊時秋
중양절 노승의 뜻이 더욱 유장하다 殘衲重陽意夏悠
어찌하면 사군과 이 자리에 모여서 安得使君同此會
시와 술을 나누며 맑게 노닐까 相將詩酒作清遊

[2]

가을빛 보려고 석대에 오르니 爲看秋光上石臺
쓸쓸한 회포를 누구에게 펼칠까 蕭條懷抱向誰開
좋은 벗 오지 않고 중양절 보내니 良朋不到重陽過
용산[79]의 국화 술잔만 저버렸네 孤負龍山泛菊杯

긴 밤이 괴롭다
苦夜長

시름으로 전날 밤 꿈도 사나운데	愁亂前宵夢未圓
화로의 전단 향기도 스러져 간다	檀香消歇篆爐烟
창 밝은 곳에 지루하게 뒤척이다	遲遲反側窓明處
일어나 새벽하늘 은하수 바라본다	起視銀河尙曉天

묵옹의 시운을 삼가 화답하다
奉和默翁

한스럽다 어젯밤 맑은 놀이 함께 못해	昨夜淸遊恨莫攀
밝은 달빛에 옛 벗의 모습 저버렸네	月明空負故人顔
어찌 알았으랴 바닷가 최군직이	那知海上崔君直
이곳에서 시구로 수창할 줄을	詩句相酬在此間

신녕 수령 송 공【윤재】을 이별하며【2수】

奉別新寧倅宋公【倫載】【二首】

[1]

선탑의 교유는 혜능에게 부끄러운데	一榻論交愧惠能
달 밝은 매화 누각 몇 번이나 올랐나	月明梅閣幾攀登
관아 수레 먼 구름의 기러기처럼 사라지니	官車杳若雲鴻去
서봉에 홀로 남은 노승은 어이할거나	奈此西峯失庇僧

[2]

궁벽진 숲에 따스한 발길 고마우니	偏感窮林有脚春
쇠잔한 암자 그대 의지해 일으켰네	殘菴賴得覫功新
산문에 길이 화성[80]의 시축 두시니	山門永鎭花城軸
이별 후 달 밝은 새벽 높이 읊으리	別後高吟月白晨

농오자를 이별하며【2수】

別農塢子【二首】

[1]

숲에서 늙었으나 속세의 정은 남아　頭白空林尙世情
오늘 아침 이별에 눈물을 흘린다　今朝相送涕堪零
벗의 마음 담박해 염량[81]을 벗었으니　交心澹澹炎凉外
달 밝으면 멀리 서봉을 생각해 주오　遙憶西峯月政明

[2]

유불이 다르나 흥취는 한가지라　儒釋雖殊趣一般
부평초 만남에도 마음을 비춘다　交遊萍水照心肝
매옹은 이미 늙고 농옹은 떠나니　梅翁已老農翁去
오늘날 뉘라 백납의 쓸쓸함 알리　今世誰知白衲寒

삼가 흠와자에게 화답하다【2수】

奉和欽窩子【二首】

[1]

낙조가 옛 난간에 일렁이는데	落照婆娑古檻楹
북녘 기러기 소리에 계응[82]이 놀란다	一聲歸鴈季鷹驚
용산의 여흥에 밤새도록 어울리니	龍山餘興宜終夜
성 가득 달빛에 단풍과 국화 영롱하다	楓菊玲瓏月滿城

[2]

단풍과 노란 국화 중구일 돌아오니	錦樹黃花九日還
맑은 풍경 보려고 솔문을 나섰네	爲看淸景出松關
외로운 등 아래 서호의 길손도	也應孤燭西湖客
꿈결에 멀리 고향을 찾아가리라	歸夢迢迢入故山

이 찰방을 방문하여 문안드리다
過候李察訪

맑은 시내 흰 바위 밟고서 내려와	僧踏淸溪白石來
그윽한 회포 오늘 그대에게 펼치네	幽懷此日對君開
먼 산에 밝은 달 떠오르는 보름날	明月他山三五夜
좋은 시구로 함께 누대 오르세	好將詩句共登臺

가사엔 여전히 흰 구름 띠었으니	袈裟猶帶白雲來
산문을 나서자 골짜기 활짝 열렸네	纔出山門洞壑開
세상의 번화함 모두 거두고 나서	世界紛華都斂却
손잡고 표연히 높은 누대 오르리	飄然携手上高臺

【이 찰방(右李察訪)】

신년에 운부암에서 영파 장로를 알현하다【2수】

新年謁影波法老於雲浮菴【二首】

[1]

찬 나무에 세찬 바람 눈길도 깊은데 風饕寒樹雪深程
동쪽 팔공산 바라보니 옅은 이내 이누나 東望公山澹靄生
연광과 산빛이 새로운 자태인데 年光岳色皆新態
푸른 솔과 잣나무만 옛정이로다 松栢蒼然獨古情

[2]

종문을 맑게 세운 영파 노스님 淸健宗門最是翁
포단에 앉아 고요히 선정에 들었네 蒲團苦坐靜凝空
사나운 범[83]은 뒤를 따르고 於菟撲握相隨外
도학의 명성 원근에 떨치도다 道學聲華遠邇通

백흥사에 쓰다
題百興社

푸른 벼랑 올라 보니 무성한 잣나무	登臨蒼壁栢森森
석장으로 간신히 이 암자 찾았네	錫杖辛勤訪此菴
노소가 새해 맞아 다투어 축하하고	老少爭迎新歲賀
쟁반 가득 다과에 친구의 정 넘치네	滿盤茶果故人心

낙양 김 진사【형섭】의 시운을 차하다

次洛陽金進士【亨燮】

팔공산 산수가 맑게 사람 비추는데	八公山水照人淸
우연히 맺은 새 벗은 옛정과 같구나	邂逅新交似舊情
어찌하면 그대와 자주 함께 만나서	與君安得頻相會
동림의 결사 맺어 일생을 보낼거나	結社東林送一生

원운 原韻

백련 꽃 피어나고 시내도 맑은 곳	白蓮花發水澄淸
필마로 찾아온 영남 속객의 마음	匹馬嶠南俗士情
한 무리 청산 향기로운 책상 아래	一種靑山香案下
뜬구름 흐르는 물에 삶을 보내네	浮雲流水自平生

갑술년(1814, 순조 14) 봄에 관찰사 이 공【호동】을 알현하였는데 운을 부르시기에 즉시 짓다

甲戌春謁巡相李公呼韻即搆【壺洞】

풍류의 자사 산승을 사랑하니	風流刺史愛山僧
일찍 뵙지 못해 한스럽구나	獲拜澄淸恨未曾
소매 가득 맑은 시는 나의 소원	滿袖瓊琚吾所願
금산의 옥대[84]가 이보다 더할까	金山玉帶此何增

순상의 시운을 받들어 화답하다
奉和巡相韻

낭예[85]처럼 동서로 떠도는 몸	浪蘂東飛又向西
어찌 치국과 제가의 도리 논하랴	何論國治與家齊
관찰사의 동헌 이렇듯 맑은데	澄軒一座淸如許
사롱의 촛불 다하고 새벽 닭소리	燭盡紗籠戛聽鷄

원운 原韻

의발이 패수[86] 서쪽에서 전해 오니	衣鉢傳來浿水西
두 스님 심법이 나란함을 알겠네	知應心法二師齊
태평시대 왜적 정벌의 책략도 쓸모없어	時淸無用征倭略
긴 밤 시 얘기하며 새벽을 맞노라	永夜談詩到曉鷄

순상의 유혜비를 보고 느껴 읊다
見巡相遺惠碑感吟

온 도가 기쁘게 감당[87]을 노래하니	欣欣一道頌甘棠
남기신 은택의 향기 영남에 흐르네	遺澤嶠南水流芳
맑은 조정 곤직[88]으로 돌아가시니	袞職淸朝歸式遄
흰 비석[89] 말이 없고 해산만 유장하네	白碑無語海山長

달성에서 황정 이 공【태승】을 알현하고 삼가 이별의 시운을 차하다

達城謁黃庭李公【台升】謹次臨別韻

부슬부슬 늦은 비에 길은 더욱 아득한데	晩雨霏微路轉迷
옛 산으로 돌아가려 앞 시내를 향한다	故山歸計向前溪
시옹과 이별할 제 다시 걸음 멈추니	詩翁欲別還停錫
뜻을 아는지 그윽한 새도 가만히 우는구나	解意幽禽欵欵啼

경진년(1820, 순조 20) 여름 4월 금강산으로 가다, 호동 상공을 알현하고 삼가 이별의 시운을 차하다

庚辰夏四月金剛之行謁壺洞相公謹次贐行韻

발우 하나 생애에 전대에 시 채우며　　一鉢生涯滿橐詩
쇠잔한 삶 다행히 태평시대 만났네　　殘生幸值聖明時
홍진세상 석장 날려 인연 따라 머무니　　紅塵飛錫隨緣住
청산의 잔나비와 학만 나를 알아주리　　猿鶴靑山我獨知

원운 原韻

불가에 은둔하고 또 시에 묻혀 살아　　浮屠隱又隱於詩
관아 등불 시 얘기로 밤은 깊어 가네　　詩話官燈夜久時
영동에서 석장 날려 돌아오길 기다려　　會待嶺東飛錫返
금강산 물색을 시 주머니에서 느껴 보리　　金剛物色橐中知

산영루 옛터를 탄식하며

歎山影樓遺墟

골짜기 들어 먼저 산영루 찾으니	入洞先尋山影樓
스님이 오래전 떠내려갔다 말하네	僧言玆海已漂流
시 속에 명승지 하나 담지 못하니	詩中失一名區勝
시인은 물가에서 시름겹기만 하네	幾使騷人水上愁

석가봉
釋迦峯

진여의 골상 부처님 뵈오니　　眞如骨像見牟尼
흐르는 물소리도 법을 설하네　　流水聲聲說法時
이 가운데서 깊이 체득한다면　　若向這中深有得
항상 기원정사 여의지 않으리　　祇園精舍未嘗離

불지암
佛智菴

감로수 차가운 불지암의 샘물	甘露冷冷佛智泉
향수를 따라서 부처님께 올리네	自斟香水醮金仙
율봉은 다리에서 나를 보내는데	栗峯送我橋頭立
그늘진 솔과 계수에 하룻밤 인연	松桂陰陰一宿緣

단발령을 넘다 문득 호동 상공이 주신 시를 읊고 삼가 차운하다
踰斷髮嶺忽誦壺洞相公所賜詩謹次

상공의 소중한 시 낭랑히 읊조리다　　朗吟珎重相公詩
태수 모시고 얘기하던 때 생각하네　　憶昨澄淸陪話時
만 이천 봉우리 빼어난 곳에서　　萬二千峯奇絶處
참된 인연을 노승 홀로 안다네　　眞緣獨許老僧知

오대산 월정사
五臺山月精寺

높은 법당에서 게송을 읊는 스님	法宇崢嶸誦偈僧
공부하며 다만 본마음 맑게 하네	工夫只要素心澄
약왕은 길이 천 년의 자취 보호하고	藥王長護千年跡
십이 층 탑머리는 바람에 닳았네	塔頂風磨十二層

화성 책실[90]【황정의 아들 동려】에게 화답하다

奉和花城册室【黃庭子桐廬】

동파가 옥띠를 풀어 금산에 둔 것이 　　坡仙解帶鎭金山
어찌 수석 사이에 시를 둠만 같으랴 　　曷若藏詩水石間
사극[91]은 오지 않고 꽃은 피는데 　　謝屐不來花欲發
봄날 숲 건너 새만 돌아오누나 　　隔林春日鳥空還

『징월대사시집』 제1권

澄月大師詩集 卷之一

1 유수의 곡(流水曲) : 춘추시대 백아伯牙가 타고 그의 벗 종자기鍾子期가 들었다는 거문고 곡조로, 고산유수곡高山流水曲 또는 아양곡峨洋曲이라고도 한다. 백아가 마음속으로 '높은 산(高山)'을 생각하며 거문고를 타면 종자기가 알아듣고 "아, 훌륭하다. 험준하기가 태산과 같다.(善哉。峨峨兮若泰山。)"라고 하고, 백아가 마음속으로 '흐르는 물(流水)'을 생각하며 거문고를 타면 종자기가 알아듣고 "아, 훌륭하다. 광대히 흐름이 강하와 같다.(善哉。洋洋兮若江河。)"라고 하였다 한다. 『列子』「湯問」.

2 사문斯文 : 유학자를 지칭하는 말이다.

3 답청踏靑 : 봄에 파랗게 난 풀을 밟고 거닌다는 뜻으로, 보통 청명절淸明節에 야외로 나가 산책하며 노니는 것을 말한다.

4 상사上舍 : 생원生員이나 진사進士를 뜻하는 말이다.

5 대아大雅 : 유학자를 높여 이르는 말이다.

6 환단還丹 : 환혼단還魂丹의 준말이다. 기사회생시키는 도가道家의 선약仙藥을 말하는데, 보통 중병을 치료하는 양약良藥의 뜻으로 쓰인다.

7 소주韶州 : 의성義城을 가리킨다. 의성의 옛 이름이 문소聞韶다.

8 마을 길에 노랫소리 넘치고 : 소주 군수 김반의 선정善政을 칭찬하는 말이다. 공자의 제자 자유子游가 무성武城의 수령이 되었을 때 예악禮樂으로 백성들을 다스려 고을에 노랫소리(絃歌)가 넘쳤다고 한다.

9 순상巡相 : 관찰사를 말한다.

10 김이양金履陽(1755~1845) : 조선 후기 문신으로 자는 명여命汝, 호는 연천淵泉이다. 1795년(정조 19) 정시문과에 을과로 급제하여 호조판서, 한성부 판윤 등을 역임하였다. 1844년(헌종 10) 만 90세가 되어 헌종으로부터 궤장几杖을 하사받았다.

11 봉조하奉朝賀 : 조선 시대에 종3품從三品의 벼슬아치가 사임한 뒤 특별히 준 벼슬이다. 실무는 보지 않으며, 의식이 있을 때에만 관청에 나가 참여하며 종신토록 녹봉祿俸을 받았다.

12 극문戟門 : 관찰사의 공관公館을 말한다. 중국의 관찰사나 절도사 관아에는 극이라는 창을 잡고 지켰다.

13 참료參寥 : 오대五代 때 스님인 영명 도잠永明道潛(?~961) 선사의 호다. 어려서 출가하여 법안 문익法眼文益에게 인가를 받고 제방을 편력하였으며, 시에 뛰어난 재능을 발휘하였다고 한다. 소동파蘇東坡가 항주의 태수로 있을 때 지과사智果寺에 머물던 참료參寥와의 선문답에서 졌다는 고사가 있다.

14 초제招提 : Ⓢ cāturdiśa의 음사인 척투제사拓鬪提奢의 준말이다. 사방에서 모여드는 수행승들이 잠시 쉬어 가도록 마련된 절인 사방승방四方僧坊을 말한다. '초招'는 본래 '척拓'이던 것이 쓰는 이의 잘못으로 언제부턴가 초招로 읽힌 것이다. 『大唐西域求法高僧傳』 상권 「法顯傳」에 의하면 중국 최초의 사찰인 낙양의 백마사白馬寺가 본래 초제사였다고 한다.

15 호리병 속 : 신선세계를 뜻한다. 중국 후한 시대에 비장방費長房이라는 사람이 어느 날 이상한 광경을 보게 되었다. 시장에 약장수 할아버지가 있었는데 언제나 가게 앞에

항아리를 하나 두고 시장이 파하면 항아리 속으로 들어가 사라지는 것이었다. 비장방이 이상하게 여겨 그 할아버지를 찾아가자 할아버지가 그를 항아리 속으로 안내하였는데 그 속에 별천지가 있었고, 약장수 할아버지는 하늘에서 지상으로 유배된 신선인 호공壺公이었다고 한다.『後漢書』「方術傳」.

16 섬계剡溪의 눈 : 친구의 방문을 뜻하는 말이다. 진晉나라 왕휘지王徽之가 폭설이 내린 밤에 술을 마시며 좌사左思의 초은招隱 시를 읊다가 갑자기 섬계에 있는 친구 대규戴逵가 생각나 밤새 배를 저어 그의 집을 찾아갔다는 고사가 있다.『世說新語』「任誕」.

17 구루句漏의 신선께서~타고 내려와 : 지방 군수의 방문을 신선의 행차에 빗대어 표현한 것이다. 구루산句漏山은 도서道書에서 말하는 제22번째의 동천洞天이다. 진晉나라 갈홍葛洪이 이곳에서 금단金丹을 만들며 수도했다고 한다. '오리(鳧)'는 '오리신발(鳧舃)'의 줄임말로 지방 수령을 지칭하는 말이다. 후한後漢 때 왕교王喬가 섭령葉令이 되어 신선처럼 오리를 타고 경사京師를 오가곤 하였는데, 그 오리를 잡고 보니 신발 한 짝만 있더라는 고사가 전한다.『後漢書』「方術傳」 상 '왕교王喬'.

18 〈귀거래사歸去來辭〉 : 동진東晋의 은일隱逸 도연명陶淵明이 405년(진晉나라 의희義熙 1)에 팽택현彭澤縣 현감이 되었다가 직위를 버리고 고향으로 돌아오며 심경을 읊은 글이다.

19 어조魚鳥의 기쁨 : 만물이 제자리에서 자득自得하는 즐거움을 말한다.

20 경계庚癸의 시름 : 곤궁함을 표현한 말이다. 경계는 식량과 음료이다.『春秋左傳』 애공哀公 13년 조條에 다음과 같은 내용이 있다. "오吳나라 신숙의申叔儀가 공손유산씨公孫有山氏에게 양식을 구걸하자, 대답하기를 '좋은 곡식은 없어도 거친 곡식은 있으니, 만약 수산首山에 올라가 경계庚癸! 하고 외치면 바로 가져다주겠다'고 하였다." 경庚은 서방西方으로 곡식을 주관하고 계癸는 북방北方으로 물을 주관하기 때문에 양식과 음료의 은어隱語로 사용한 것이다.

21 용성자蓉城子 : 부용성자芙蓉城子의 줄임말로 곧 석연년石延年을 지칭한다.『更定文章九命』 제8「神仙條」에 "석만경石曼卿은 부용성주芙蓉城主가 되었다."라고 하였다. 만경曼卿은 석연년의 호이며, 부용성은 신선이 산다는 성의 이름이다. 석연년과 석비연釋秘演은 시우詩友로서 막역하였다고 전한다.

22 비연秘演 : 북송北宋 때의 시승詩僧이다.

23 불여귀不如歸 : 한스러운 두견새의 울음소리를 표현한 말이다. 촉나라 망제望帝가 재상 별령鱉令에게 대규모 운하 공사를 맡기고 그의 아내와 간음하였다가 뒤에 이 때문에 왕위를 뺏기고 달아나 두견새가 되었다고 한다. 이에 촉나라 사람들이 망제를 측은히 여겨 두견새의 울음소리가 불여귀거不如歸去라고 하는 것 같다고 하였다. 그래서 후세에 고향에 가고픈 소망을 말할 때 흔히 두견새를 인용한다.

24 향성香城 : 중향성衆香城의 줄임말로서 여기에서는 금강산을 지칭한다. 우리나라에는 예전부터 경전에서 설한 지달枳怛이 곧 금강산金剛山이라는 믿음이 전해져, 금강산이 곧 중향성이며 이곳에 담무갈보살曇無竭菩薩, 즉 법기보살이 상주하면서 항상 마하반야를 설한다고 여겼다.

25 소사蕭寺 : 절을 말한다.

26 영서靈書 : 도교의 신선술에 관한 책이나 불경을 일컫는 말로 쓰인다.

27 잘못을 알 나이(知非歲) : 보통 나이 50을 지칭하는 말로 쓰이나 여기에서는 49세를

일컫는 말로 쓰였다. 『淮南子』「原道訓」에서 "거백옥遽伯玉은 나이 50세가 되어 49년의 잘못을 알았다.(伯玉。行年五十。而知四十九年之非。)"라고 한 데서 유래하였다. 거백옥은 춘추시대 위衛나라의 현대부賢大夫 거원遽瑗으로 백옥伯玉은 그의 자이다.

28 『주역周易』을 읽을 나이 : 나이 50을 일컫는 말이다. 공자가 "나에게 몇 년의 시간이 더 주어져 50세까지 『주역』을 읽게 된다면 큰 허물은 없게 할 수 있을 것이다.(加我數年。五十以學易。可以無大過矣。)"라고 말한 데서 유래한다. 『論語』「述而」.

29 자장子長의 글 : 자장은 중국 한漢나라 역사가인 사마천司馬遷의 자字이다. 사마천은 젊어서 중국 천하를 두루 유람하였고, 그 후에 문장이 크게 발전되었다고 한다.

30 두 눈동자 푸르구나 : 반가운 눈빛을 뜻한다. 진晉나라 완적阮籍이 미운 사람을 보면 백안白眼으로 보고 반가운 사람을 보면 청안靑眼으로 보았다는 데서 유래하였다.

31 이를 잡으며 : 중국 남북조 시대 전진前秦의 재상이었던 왕맹王猛이 초야에 있을 때 전진의 왕 부견苻堅을 만나 옷의 이를 잡으면서 여유작작하게 천하의 일을 논했다고 한다.

32 학서鶴書 : 조정에서 부르는 글이다.

33 잃어버린 양만 좇누나 : 다기망양多岐亡羊이란 고사를 차용하였다. 양자楊子의 이웃 사람이 양을 잃자 그 무리를 다 동원하고는 다시 양자의 종까지 동원하여 찾으려 하였다. 이에 양자가 "양 한 마리를 잃었는데 찾으러 가는 사람은 왜 이렇게 많은가?"라고 하자, 그가 "갈림길이 많기 때문입니다."라고 하였다. 찾으러 갔다가 돌아오는 것을 보고, 양자가 "양을 찾았는가?"라고 묻자 "잃어버렸습니다."라고 하였다. "왜 잃어버렸는가?"라고 하자, 그가 말하였다. "갈림길에 다시 갈림길이 있어 양이 어디로 갔는지 알 수 없어 돌아오고 말았습니다." 이에 심도자가 "대도大道에는 갈림길이 많아 양을 잃어버리고, 학자는 방도方道가 많아 생명을 잃는다."라고 하였다. 『列子』「說符」에서는 세상의 이익만 좇는다는 뜻으로 쓰였다.

34 주서注書 : 조선 시대 승정원承政院의 정7품正七品 벼슬로서 사초史草를 쓰는 일을 맡아 보았다.

35 서쪽에서 오신 뜻 : 달마達摩가 서쪽에서 동쪽으로 와서 불법佛法을 편 뜻. 불법의 진리를 말한다.

36 삼명三明 : 도교에서 해·달·별을 하늘의 삼명이라 한다. 불교에서는 숙명통宿命通·천안통天眼通·누진통漏盡通을 삼명이라 한다. 여기에서는 시간과 관련된 의미로 쓰인 것으로 보인다.

37 포시晡時 : 신시申時. 지금의 오후 4시.

38 아양峩洋 : 속내를 아는 지기知己를 뜻한다. 백아의 곡조를 듣고 종자기가 "험준하기가 태산과 같다.(峨峨兮若泰山。)"라고 하고 "광대한 흐름이 강하와 같다.(洋洋兮若江河。)"라고 감탄했던 고사에서 온 말이다.

39 잡화雜花 : 『華嚴經』을 일컫는 말이다.

40 사군使君 : 지방행정관의 별칭이다.

41 주묵朱墨 : 주필朱筆과 묵필墨筆을 가지고 글을 정리하는 것이다. 여기에서는 관청의 사무를 말한다.

42 거북이로 받친 평상 : 은자隱者의 책상이나 와구臥具를 가리키는 말이다. 옛날 남방南方의 한 노인이 평상을 거북이로 받쳐 놓고 20여 년을 지내다가 죽었는데, 그때까지도

거북이가 죽지 않고 살아 있었다는 고사가 있다.『史記』권128「龜策列傳」.

43 옷을 남겨 주리(遺衣) : 당唐나라 한유韓愈가 조주자사潮州刺史로 있을 적에 친하게 지냈던 노승 태전太顚과 작별하면서 자신의 의복을 남겨 두었다는 이야기가「與孟簡尙書書」에 실려 있다. 원문의 '遺衣'는 고사의 '留衣'와 같은 의미로 쓰인 듯하다.

44 주묵朱墨 : 여기에서는 여러 차례 다듬고 수정한 자신의 문장을 뜻한다.

45 금어金魚 : 처마 밑의 풍경風磬이다.

46 담대澹臺의 비웃음을 저어하네 : 일없이 공연히 사람을 찾아온다고 비웃음을 살까 두렵다는 뜻이다. "자유가 무성이란 고을의 책임자가 되었을 때 공자가 물었다. '자네는 좋은 사람을 구했는가?' 자유가 말했다. '담대멸명이란 자가 있습니다. 그는 좁은 지름길은 마다하며 공무가 아니면 제 방에 오지도 않습니다.'(子游爲武城宰。子曰。女得人焉爾乎。曰。有澹臺滅明者。行不由徑。非公事。未嘗至於偃之室也。)"『論語』「雍也」.

47 목과시木瓜詩 :『詩經』「衛風」〈木瓜〉에 "내게 모과를 던져 주시기에 아름다운 패옥으로 갚았지요. 갚으려는 게 아니라 오래 좋게 지내자는 뜻입니다.(投我以木瓜。報之以瓊琚。匪報也。永以爲好也。)"라는 구절이 있다. 여기에서 스님이 자신의 시를 겸손하게 표현한 말이다.

48 황면黃面 : 부처님의 얼굴을 말한다. 선종에서는 부처님 몸이 황금빛이므로 황면노자黃面老子라 지칭하였다.

49 대웅大雄 : 부처님의 덕호德號이다. 부처님은 큰 힘이 있어서 사마四魔를 항복받으므로 대웅이라 한다.

50 구포九苞 : 봉황의 아홉 가지 깃털 색깔이다.

51 취옹醉翁 : 송나라의 구양수가 저주滁州자사로 있을 때 취옹정을 짓고 자신을 취옹이라고 부르며 백성들과 함께 즐겼다. 여기에서는 봉성 군수 김이복을 칭한 말이다.

52 물병과 발우 : 출가하여 속세에 매이지 않는 스님이라는 뜻이다.

53 호계虎溪 : 여산廬山 동림사東林寺에 거하던 진晉나라 고승 혜원慧遠은 손님을 전송할 때 앞 시내인 호계虎溪를 건너지 않았다. 그러나 도잠陶潛과 육수정陸修靜을 배웅하면서는 자신도 모르게 호계를 건너 세 사람이 크게 웃으며 헤어졌다는 고사가 있다.

54 오마五馬 : 태수太守의 별칭이다. 한漢나라 때 태수의 수레를 다섯 필의 말이 끌었던 데서 온 말이다.

55 동림東林 : 사찰을 뜻한다. 동진東晉의 혜원이 건립한 여산의 동림사에 빗대어 표현한 말이다.

56 시은市隱 : 산림山林에 은거하지 않고 하급 관료로 일생을 보내는 은사를 조은朝隱 혹은 관은官隱이라고 하고, 저자에서 장사치로 살아가는 은사를 시은이라 한다. 진晉나라 왕강거王康琚의 시에 "큰 은사는 조정이나 저자에 숨고, 작은 은사는 산이나 수풀에 숨는다.(大隱隱朝市。小隱隱陵藪。)"라는 구절이 있다.

57 엄군평嚴君平 : 한漢나라 때의 은사隱士로 성도成都에서 복서卜筮로 생계를 이어 가며 일생을 마쳤다. 일이 끝나면 주렴을 내리고 노자老子의『道德經』을 가르쳤다고 한다.『漢書』.

58 큰 붓 : 동진東晉 왕도王導의 손자 왕순王珣이 재학才學과 문장으로 효무제孝武帝의 총애를 받아 상서성尙書省의 고위직에 있을 때 어느 날 꿈속에서 어떤 사람이 서까래처럼 큰 붓을 줬는데, 꿈을 깨고 옆 사람에게 말하기를, "이는 필시 큰 문장을 지을 일

이 있을 징조이다.(此當有大手筆事。)"라고 하였고, 얼마 후에 효무제가 죽어 그 애책哀冊과 시의諡議를 그가 모두 맡아 지었다. 중요한 문장이나 저술의 재능이 뛰어나고 필력이 훌륭함을 칭송하는 용어로 쓰인다. 『晉書』「王珣傳」.

59 색동옷 춤추네 : 춘추시대에 초楚나라의 노래자老萊子가 효성으로 어버이를 섬겨 70세에도 항상 색동옷을 입고 어린아이처럼 놀며 부모를 기쁘게 하였다고 한다.

60 흰 비석(白碑) : 청백리淸白吏를 뜻한다. 조선 시대 때 청백리의 맑은 덕을 표시하기 위해 그의 비문에는 한 글자도 쓰지 않았다. 원래는 글씨를 새기지 않은 비석. 후대의 평가를 기다린다는 의미이다.

61 한 공韓公 : 한유韓愈(768~824)를 말한다.

62 달 아래 문 두드리며 : 당唐나라의 시인 가도賈島가 "새는 연못가 나무에 깃들고, 스님은 달빛 아래 문을 두드리네.(鳥宿池邊樹。僧敲月下門。)"라는 시구에서 '고敲' 자를 쓸 것인가 '퇴推' 자를 쓸 것인가 생각하다 그만 경조윤京兆尹 한유의 행차 길을 침범하였다. 한유 앞으로 끌려간 그가 사실대로 이야기하자 한유는 한참 생각하더니 "고敲 자가 낫겠다.(作敲字佳矣。)"라고 하였고, 그 후로 가도와 시문의 벗이 되었다는 이야기가 『唐詩紀事』에 전한다. 여기에서는 스님이 찾아뵙는다는 뜻으로 쓰였다.

63 금석金石 : 시운의 맑음을 표현하는 말이다. 금金은 금속으로 만든 종 같은 악기이고, 석石은 경쇠 같은 옥돌로 만든 악기로 소리가 맑다.

64 선금仙禽 : 학이나 봉황을 말한다.

65 북해北海 : 후한 말 북해 태수를 지낸 공융孔融이 선비를 좋아하여 당시의 명사名士들이 항상 그의 집에 끊이지 않았는데, 일찍이 말하기를 "자리에는 손님이 항상 가득하고 술동이에 술이 비어 있지 않다면 나는 아무런 걱정이 없겠다.(坐上客恒滿。尊中酒不空。吾無憂矣。)"라고 하였다. 『後漢書』「孔融傳」.

66 탁영濯纓 : 굴원屈原의 〈漁父辭〉에서 어부가 노래하기를, "창랑의 물이 맑거든 갓끈을 씻을 것이요, 창랑의 물이 흐리면 발을 씻으리라.(滄浪之水淸兮。可以濯吾纓。滄浪之水濁兮。可以濯吾足。)"라고 하였다.

67 고운孤雲 : 최치원崔致遠(857~?)이다. 경주 최씨慶州崔氏의 시조로 자字는 고운·해운海雲이고 시호諡號는 문창후文昌侯이다. 868년(경문왕 8) 12세로 당唐나라에 유학해 874년 과거에 급제하였으며, 879년 황소黃巢의 난 때 고변高騈의 종사관從事官으로 「討黃巢檄文」을 지어 문장가로 이름을 떨쳤다. 만년에 가야산에 은거하였다고 전한다.

68 능곡陵谷처럼 : 언덕이 변하여 골짜기가 되고 골짜기가 변하여 언덕이 되는 것처럼 덧없다는 뜻이다.

69 동군東君 : 봄을 주관하는 신이다.

70 요임금 큰~형용하기 어렵네 : 공자가 말하기를 "위대하다, 요임금의 임금 됨이여. 높고 크기로는 저 하늘이 가장 큰 존재인데, 오직 요임금의 덕이 이와 나란하셨다. 너무나 넓고 커서 백성들이 뭐라 형언하지 못하였다. 위대하도다, 그가 이룬 업적이여. 찬란하도다, 그가 이룬 문물이여.(大哉。堯之爲君也。巍巍乎。唯天爲大。唯堯則之。蕩蕩乎。民無能名焉。巍巍乎。其有成功也。煥乎其有文章。)"라고 하였다. 『論語』「泰伯」.

71 백설가白雪歌 : 고상한 시를 일컫는 말이다. 춘추시대 초楚나라에서 대중가요인 '하리파인下里巴人'은 수천 명이 따라 불렀지만 고상한 '백설白雪'과 '양춘陽春'의 노래는 너

무 어려워 겨우 수십 명밖에 부르지 못했다고 한다. 『文選』, 송옥宋玉의 「對楚王問」.

72 아객衙客 : 관아에서 온 손님이다.

73 양춘陽春의 노래 : 백설곡白雪曲과 마찬가지로 고상한 시를 일컫는 말이다.

74 그대를 알아 : 원문은 식형識荊이다. 식형은 식한형주識韓荊州의 줄임말로 귀인과의 사귐을 뜻한다. 이백李白의 〈與韓荊州書〉에 "이 세상에 태어나 만호후에 봉해지기보다는 그저 한 형주를 한번 알기만을 바랄 뿐이다.(生不用封萬戶侯。但願一識韓荊州。)"라고 하였다. 형주는 형주 자사의 약칭이다.

75 사바세계 : 원문은 파사婆娑로 춤을 추는 모양이다. 글 뜻이 통하지 않아 사바娑婆로 번역하였다.

76 연지蓮池의 업 : 정토인 극락세계 연지에 왕생할 업을 말한다.

77 형창螢窓 : 진晉 나라 차윤車胤이 반딧불을 모아 그 빛으로 책을 읽고, 손강孫康이 눈(雪)빛으로 등잔불을 대신해 책을 읽었다는 '형창설안螢窓雪案'의 고사가 전해 온다. 『晉書』「車胤傳」.

78 연화烟花 : 안개 속의 꽃. 봄날의 화려한 정경을 가리킨다. 두보杜甫의 시에 "장안에서 삼천 리 떨어진 변방 요새, 안개 속의 꽃이 일만 겹이라.(關塞三千里。煙花一萬重。)"라는 표현이 있다. 『杜少陵詩集』 권13 〈傷春五首〉의 첫 번째 시.

79 용산龍山 : 중양절의 격식 없는 모임을 일컫는 말이다. 진晉나라 맹가孟嘉가 중양절에 환온桓溫이 마련한 술자리에 참석했다가 주흥酒興이 도도滔滔한 나머지 모자가 바람에 날려 떨어진 것도 알아채지 못했던 고사가 있다. 『世說新語』「識鑑」.

80 화성花城 : 오늘날의 경상북도 영천시 신녕면이다.

81 염량炎凉 : 염량세태炎凉世態의 줄임말로 변덕이 심한 세상인심을 말한다.

82 계응季鷹 : 진晉나라 장한張翰의 자字이다. 제왕齊王 경冏에게 벼슬하여 동조연東曹掾으로 있다가, 가을바람이 불어오자 불현듯 고향의 고채菰菜와 순채국과 농어회가 생각나, 마침내 관직을 그만두고 돌아갔다는 고사가 유명하다. 『晉書』.

83 사나운 범(於菟) : 오토於菟는 호랑이의 이명異名이다. 춘추시대 초楚나라의 방언이다.

84 금산金山의 옥대玉帶 : 소동파蘇東坡가 강소성 진강부鎭江府 금산사金山寺를 방문했다가 운거 요원雲居了元에게 감복하고는 관대를 사찰에 남겨 두었던 고사가 있다. 『五燈會元』 권16.

85 낭예浪蕊 : 열매를 맺지 못하는 쓸데없는 꽃이란 뜻으로, 자신을 겸손히 비유하는 말이다.

86 패수浿水 : 대동강의 옛 이름으로 많이 쓰인다.

87 감당甘棠 : 관찰사의 선정을 칭찬하는 말이다. 주周나라 문왕文王 때 남국南國의 백성들이 소백召伯의 선정善政에 감사하는 뜻에서 그가 머물고 쉬었던 감당나무를 소중히 여겨 "무성한 감당나무를 자르지도 말고 베지도 말라. 소백께서 쉬시던 그늘이도다.(蔽芾甘棠。勿翦勿伐。召伯所茇。)"라며 노래하였다 한다. 『詩經』「召南」〈甘棠〉.

88 곤직袞職 : 임금이 선정을 베풀도록 제대로 도와드린다는 뜻이다. 『詩經』「大雅」〈烝民〉에 "임금님 하시는 일이 잘못되면 우리 중산보가 보필하여 돕는다.(袞職有闕。維仲山甫補之。)"라는 말이 있다. 여기에서는 임금을 보필하는 조정의 중신을 뜻한다.

89 흰 비석(白碑) : 주 60 참조.

90 책실冊室 : 고을 원의 비서로 사무를 맡아 보는 사람. 또는 그 사람이 거처하는 곳.

91 사극謝屐 : 사공극謝公屐의 준말로 산천을 유람하는 시인을 뜻한다. 남조南朝 송宋의 시인 사령운謝靈運은 명산을 유람하면서 산을 오를 때에는 나막신(屐)의 앞굽을 떼어 버리고 산을 내려올 때에는 뒷굽을 떼어 걷기에 편리하도록 했다는 고사가 있다.『宋書』「謝靈運傳」.

징월대사시집 제2권

| 澄月大師詩集 卷之二 |

칠언율시
七言律詩

순상 산목헌 김 공【희순】[1]의 시운을 차하다
伏次巡相山木軒金公【羲淳】韻

한 폭의 고운 편지 보배보다 나으니	一幅華牋勝百朋
동풍 부는 맑은 누각 야윈 중이 오르네	東風澄閣上枯僧
한 공의 덕 두터워 편지 자주 주시는데	韓公德厚書曾數
가도[2]의 시는 곤궁해 참으로 수척하네	賈島詩窮瘦最能
감당의 비에 젖어 만물이 소생하고	庶品方蘇棠茇雨
남은 빛은 수놓은 감실의 등에 비치네	餘光分照繡龕燈
만가의 비단 면에 새 부처님 열리니	萬家綃面開新佛
연대의 구층이 진중하기만 하누나	珎重蓮臺第九層

원운 原韻

남으로 와 근래에 친한 벗 적더니	南來近日少親朋
창해의 명주 같은 보배 스님 얻었네	滄海明珠得寶僧
눈썹에 연하 띠어 속되지 아니하고	眉帶烟霞元不俗
시는 서울에 전해져 솜씨를 알겠네	詩傳京洛可知能
흥취가 무르익어 꽃 앞 술잔 들이켜고	興酣且進花前酒
깊은 밤 다시 달 아래 등불 돋우네	夜久重挑月下燈
한스럽게도 자유로운 학처럼 돌아가니	却恨未籠歸鶴翅
어느 곳에서 층층 선궁을 여시려나	禪宮何處闢層層

이 상사【문환】께 드리다

奉呈李上舍【文煥】

서울의 시든 꽃도 휘날리지 않고　　洛陌殘花故不飛
양주의 물색도 옛 모습 아니로다　　楊州物色眼前非
천리마 바람에 달리길 기약했더니　　曾期快馬嘶風到
하늘의 기러기 실의해 돌아가도다　　纔見冥鴻失意歸
좌주의 동홍[3]은 예로부터 한스럽고　　座主冬烘從古恨
유석의 문채는 오늘날 드물도다　　惟石藻彩即今稀
맑은 시절 초야에 남겨진 선비 없으니　　淸時草澤無遺士
명년 봄 좋은 모임 어기질 마소서　　嘉會明春幸莫違

최 상사【상룡】께 드리다

奉呈崔上舍【象龍】

숲속의 외로운 새 무리 잃고 우는데	孤禽林下失羣鳴
손님 보내고 돌아오니 골안개 개었네	送客歸來谷霧晴
백련사의 향등에 석 달 여름밤 보냈고	蓮社香燈三夏夜
거문고의 유수곡으로 백년의 정 맺었네	匣琴流水百年情
부끄러운 나의 재주 끝내 쓸모없으나	樗材愧我終歸散
빼어난 그대는 크게 명성 떨치리라	玉佩知君大放聲
노력하여 다시 사직 보필할 공이를 갈면	努力更磨匡社杵
명년 봄 낙양성에 활짝 꽃이 피리라	明春花滿洛陽城

영천 수령을 모시고 조양각[4]에 오르다

陪永川倅登朝陽閣

한 조각 마음의 기약은 어진 태수라	一片襟期太守賢
훌쩍 영양의 하늘로 고개를 돌린다	翩然回首永陽天
대지팡이는 참으로 갈매기 손님이요	竹筇好是鷗邊客
조개[5]는 학을 탄 신선인 듯	皂盖還疑鶴上仙
강을 안은 관시에 먼 기러기 오고	官市抱江來遠鴈
저녁의 들 정자엔 성긴 연기 인다	野亭當夕起踈烟
내일 아침 또 팔공산 향해 가리니	明朝又向公山去
서봉의 지혜의 달 다시 원만하리라	慧月西峯却復圓

도 대아의 시운을 차하다

次都大雅

여릉의 산과 시내 모두 푸르러	廬陵山水共蒼蒼
삼소의 유풍이 아직도 남아 있네	三笑遺風尙不亡
밝은 달은 사람 가까이 청정세계 머물고	明月近人留淨界
시 벗은 나와 함께 선상에 묵는다	詩朋同我宿禪牀
구름 갠 하늘은 어룡의 기운 안고	雲晴天抱魚龍氣
고요한 밤 누각은 북두의 빛 머금었네	夜靜樓含斗極光
애일[6]의 정성 깊은데 이젠 나그네라	愛日誠深今作客
마음은 꿈에도 고당[7]을 맴돌리라	夢魂應復繞高堂

임생【계양】의 시운을 차하다

次林生【啓陽】

풍진 소식은 운산 멀리 떨어져	風塵消息隔雲山
일 없는 선암은 낮에도 닫혔네	無事禪菴晝掩關
고요한 밤 스님은 밝은 달 안고 서고	靜夜僧携明月立
먼 하늘 새는 석양빛 끌며 돌아오네	遙空鳥拕夕陽還
가련타 타향에 전전하는 그대 신세	憐君異域身猶轉
노쇠한 몸 나의 귀밑머리 부끄럽네	愧我衰年鬢欲斑
가도와 맹교[8]의 가난함 탄식하랴	島瘦郊寒何足歎
안연[9] 본받아 사문의 즐거움 찾으리	師門樂處且尋顏

운부 조실

雲浮祖室

그림 같은 시내와 산 참으로 아름다워	畵裏溪山特地佳
명화와 자죽이 새 서재를 둘렀네	名花紫竹繞新齋
붉은 노을 맑게 금사[10]의 굴 보호하고	彤霞晴護金沙窟
흰 달은 가을이면 도인의 마음 비춘다	白月秋生道釋懷
지자[11]의 선정에 마음이 부동하고	智者安禪心不動
혜공[12]의 결사에 원력이 차이 없네	惠公結社願無差
두두 만물에 티끌 경계 초월하였으니	頭頭物物超塵境
화엄을 강론하고서 학과 함께하누나	講罷華嚴鶴亦偕

홍제존자[13]

弘濟尊者

넓은 바다 건너 널리 구제하신 스님	鯨海能超普濟師
큰 규모는 유악의 운주[14]보다 뛰어나네	恢規絶勝運籌帷
하늘이 내린 영걸 원래 짝이 없고	天生英傑元無類
산악이 내린 정신 정히 더디지 않네	嶽降精神定不遲
세 치 혀 움직여 왜적을 제압하고	制敵只騁三寸舌
산으로 돌아오니 의구히 지팡이 하나	還山依舊一筇枝
남녘 고을 옛 골짝 신령한 사당 있으니	南州古壑靈祠在
천 년을 축원하며 저버리지 않으리라	尸祝千年不負期

영가루에서 김 상사【자용】의 시운을 차하다

永嘉樓次金上舍【子容】

해산에서 서검으로 세월을 보내며	海山書劒費春秋
노년에 이르러도 흥을 거두지 않네	興到桑楡倦不收
나무꾼의 골짜기에 백납의 생애요	白衲生涯樵子谷
누각의 피리 소리에 친구의 시정이라	故人詩思笛聲樓
동림사 약속 두어 때때로 와 마시고	東林有約時來飮
섬계의 벗 그리우면 흐름을 거스르네	剡水相思且泝流
한식과 청명에 비와 바람 뒤섞이니	寒食淸明半風雨
자고새 운 후에 지는 꽃 시름겹네	鷓鴣啼後落花愁

인각사를 지나며
過麟角寺

어지러운 들 숲에 휘파람 불며 멈추니　一嘯停笻亂樹原
시내의 돌길에 온갖 시끄러움 끊겼네　緣溪石逕絶囂煩
법당의 부처님 구름이 늘 보호하고　龍堂有佛雲常護
황폐한 절은 중도 없이 새들만 지저귀네　荒寺無僧鳥自喧
흰 탑에 꽃을 보며 무심히 홀로 앉고　白塔看花忘獨坐
석양빛에 시내 보며 말을 잊었노라　夕陽臨水欲無言
우군[15]의 진첩도 묵은 자취 되었는데　右軍眞帖成陳跡
구릉과 골짜기는 영겁에도 변함없네　陵谷依然浩刼翻

삼가 장수 현승의 시운을 차하다
謹次長水丞

관아 버들 맑은 그늘 취미에 인접하니	官柳晴陰接翠微
새 한 마리 구름 함께 날아간다	任看孤鳥與雲飛
때때로 석장 지닌 산승이 지나가고	有時錫杖山僧過
온종일 관청 뜰엔 아전 일도 드문드문	終日公庭吏牒稀
새 시 몇 구절에 띠를 풀어 헤치고	數句新詩當解帶
한 단지 술 따르니 유의[16]보다 낫구나	一樽深酌勝留衣
영남에서 우연히 만경[17]과 교유 맺어	嶠南偶結曼卿契
아름다운 시구가 소매 가득 기쁘구나	剛喜瓊琚滿袖歸

화산 정 상사의 시운을 차하다

次花山鄭上舍

임천으로 돌아가는 구름 산길에	林泉歸路入雲岑
나무마다 꾀꼬리 노래 기쁘구나	剛喜黃鸝樹樹吟
스님은 시 구하러 바위 면 따르고	僧爲乞詩隨石面
시내에 이른 달은 손님을 붙잡는 듯	月因留客倒川心
나귀가 걸음걸음 솔 골짜기 지나니	蹇驢步步穿松壑
남아 있는 꽃향기 칡베 옷깃 스민다	殘馥沾沾襯葛襟
방외의 늦은 교분 다행스러우니	方外晩交猶可幸
이제부터 귤촌의 깊은 곳을 기약하리	從今留約橘村深

예천 수령에게 화답하다

奉和醴泉倅

방랑한 지 여러 해 귀밑머리 세었고	浪跡年間鬢髮衰
형체는 마른나무 마음은 식은 재라	形如枯木意如灰
구름 가에 학이 있어 암자를 지키나	雲邊縱有看菴鶴
발밑에 바다 건널 술잔 없어 부끄럽네	脚下羞無渡海杯
신선 관리 문장은 지기가 있나니	仙吏文章知己在
현산[18]의 구름 숲에 옷깃을 여노라	峴山雲樹好襟開
청유를 못다 하고 총총히 떠나니	淸遊不盡忽忽去
중양절 국화 시절에 오기를 기약하네	留約重陽趁菊來

영형재가 약속하고 오지 않다
影形齋有約不赴

영형재는 늘그막의 마음의 벗	晩年知己影形齋
용산의 중양절 약속 저버렸네	孤負龍山九日期
비단 숲 자리 옮겨 가련타 홀로 취해	移席錦林憐獨醉
가슴 가득 밝은 달빛 더욱더 그립네	滿襟明月倍相思
이슬 젖은 국화는 술잔에 띄우겠고	黃花浥露堪隨酒
서리 맞은 단풍잎은 시를 쓰기 좋아라	楓葉經霜合寫詩
백설가 높이 부르고 슬프게 바라보니	白雪高歌還悵望
광려산은 멀어서 편지도 더디구나	匡廬迢遞寄書遲

군위현을 지나며
過軍威縣

이십 년 전 이 고을 유람하고	二十年前此縣遊
산하를 다시 보니 마음이 유유하다	山河重見意悠悠
들판에는 잘 익은 벼 빛깔이요	平田爛熟粳稻色
고목 아득한 마을엔 가을이 들었다	古木迷茫邑里秋
저자는 멀리 객관 북쪽 길로 통하고	朝市遙通舘北路
시내는 가까이 성곽 남쪽 누각 안았다	晴川近抱郭南樓
마을의 벗 옛날의 어여쁜 얼굴들	村朋昔日數腴面
눈을 씻고 보니 모두가 흰머리일세	拭眼看看捴白頭

중구일에 매전옹을 생각하다

九日憶梅田翁

오늘 가을바람이 의상을 날리는데	金風此日灑衣裳
온 숲이 서리에 수놓은 비단 빛	霜後千林錦繡光
소슬한 산 모습 옅은 이내 일고	蕭瑟山容生澹靄
영롱한 들판엔 지는 해 비친다	玲瓏野色透斜陽
괜스레 율리의 정운시를 읊으며[19]	空吟栗里停雲句
매전의 국화 술자리엔 못 가나니	不赴梅田泛菊觴
어찌하면 향산의 모임[20] 함께 맺어	安得香山同結社
흰 구름과 밝은 달 아래 소요할까	白雲明月共彷徨

대산사에 묵다
宿大山寺

높은 당에 누가 범왕의 집 세웠나　　高堂誰着梵王家
영험한 부처님 바다 뗏목 타고 오셨네　　靈佛來時泛海槎
이천 년 옛 절에 구름 숲 깊고　　雲樹二千年古寺
마흔 분 아미타는 금빛 몸일세　　金身四十座彌陀
산골길에서 만난 스님 모두가 새 얼굴　　逢僧峽路皆新面
길손 대하는 질흙 단지엔 옛 술이라　　對客瓦樽只舊醝
맑은 경쇠 소리에 보전이 열리니　　淸磬聲中開寶殿
노승이 가사 걸치고 두 손을 모은다　　厖眉叉手荷袈裟

연경으로 가는 김 상사를 보내며

送金上舍之燕京

사조[21]의 시낭으로 태사[22]처럼 유람하여	謝朓詩囊太史遊
가을바람에 멀리 압록강을 건넌다	西風遠渡鴨江流
저무는 황금대[23]에서 마음껏 술을 마시고	秖應縱酒金臺暮
가을 깊어 가는 역수[24]에서 슬피 노래하리	倘復悲歌易水秋
좌해의 의관은 여전히 한나라인데[25]	左海衣冠猶是漢
중화의 일월은 주나라가 아니로다[26]	中華日月奈非周
저잣거리에서 구도의 벗[27]을 만나거든	市門若遇狗屠伴
우리 동방의 우수한 예악을 일러 주게	須說吾東禮樂優

임청각의 시운을 차하다【2수】

臨淸閣次韻【二首】

[1]

훨훨 갈매기는 먼 모래톱에 흩어지는데	浩蕩輕鷗散遠沙
석양에 취한 몸 가누고 서울을 바라본다	夕陽扶醉望京華
시대가 다른 세 스승 묘에 제사 받들고	烝嘗異代三師廟
시례[28]의 어진 자손은 으뜸가는 재상 집안	詩禮賢孫上相家
골 가득 새와 물고기 즐거움을 함께하니	滿壑禽魚同我樂
빈산의 계수는 누굴 위해 꽃을 피우나	空山桂樹爲誰花
봄날 풍광에 전년의 일을 돌이켜 보니	春光却憶前年事
푸른 시냇가에 무너진 초가만 남았었지	破屋茅茨碧水涯

[2]

아지랑이 일렁이는 밝은 모래톱	游絲不定漾明沙
다리에서 지팡이 짚고 봄을 느낀다	植杖橋頭感物華
만사는 하늘에 맡기고 의로운 길을 갈 뿐	萬事在天惟義路
십 년간 외직으로 관아를 집 삼았네	十年居外以官家
미풍은 높고 낮은 버들에 불어오고	微風自轣高低柳
가는 비는 이르고 늦은 꽃을 적신다	細雨潛滋早晩花
맑은 물가 흰 갈매기도 얼굴을 아는 듯	淸渚白鷗如識面
일생을 늘 강가에 머물렀기 때문이라	一生慣是住江涯

용담사에 놀다
遊龍潭寺

신선의 옛 사찰 흰 구름 누각에	神仙古寺白雲樓
태평 시절 노래하며 십 일간 놀았네	淸世簫歌十日遊
골짜기의 별빛은 저절로 일렁이고	峽裏星河元自動
섬중[29]의 바위 골은 다투어 흐르네	剡中巖壑故爭流
스님은 북쪽 뜰 열어 여름을 맞이하고	僧開北院迎槐夏
동오[30]에서 온 사람은 맥추[31]를 말하네	人自東吳說麥秋
모군의 연단법[32]을 물어보려 하노니	欲問茅君鍊丹法
뜬구름 반평생에 부질없는 시름뿐	浮生强半已閒愁

우연히 읊다【4수】

偶吟【四首】

[1]

흰 바위의 승방은 옛날의 독서 터　　白石僧房舊讀書
올봄엔 조군에게 거주케 하였네　　今春輸與趙君居
새벽의 복사꽃 짙으니 무릉도원이요　　桃花曉暗靈源是
차 부엌은 아침에 비니 환각[33]이로다　　茶竈朝虛幻殼如
병든 몸 요양하며 때로 시에 번뇌하고　　養病或爲詩所惱
참선을 좋아하니 술도 전혀 멀리했네　　愛禪遮莫酒全踈
갈홍[34]의 샘물 아래 단사의 즙으로　　葛洪泉底丹砂汁
눈같이 하얀 머리 물들여 주었으면　　乞染衰毛雪丈餘

[2]

맑은 강은 사현휘의 시[35] 생각게 하는데　　澄江詩思憶玄暉
다시 선루 있어 푸른 산 마주했네　　更有禪樓對翠微
소쩍새는 한낮에 구름 숲에 울어 대고　　杜宇晝啼雲木合
하돈[36]은 언덕 꽃 날릴 제 일찍 오르네　　河豚早上岸花飛
대나무 다리에 지팡이 끌고 이를 때면　　竹橋曳杖行應到
등라 길에 거문고 안고 어김없이 맞이하네　　蘿逕携琴候莫違
이곳의 자취가 알려질까 저어하노니　　復恐此間踪跡漏
무릉도원 봄물이 저녁부터 넘치누나　　桃源春水夜來肥

[3]

배꽃 핀 정원에 새벽의 약한 한기　　梨花庭院曉寒微
스님의 흰 납의에 가만히 스미네　　穩着居僧白衲衣

돌솥은 바람 머금어 구름이 흩어지고 石鼎含風雲脚散
재 쟁반 이슬 젖어 목두[37]만 살졌구나 齋盤和露木頭肥
산중은 채식이라 물고기 놓아주고 山中食淡魚能舍
숲 아래 무심하니 새들도 날지 않네 林下忘機鳥不飛
약물을 빌려 하나 때도 이미 늦었으니 欲乞刀圭時苦晚
예전의 안색과 터럭 이제는 아니로다 向來顏髮即今非

[4]

동림의 아침 해에 금사가 청정한데 東林初日淨金沙
문 앞의 푸른 부용 창문에 비치네 當戶芙蓉碧透紗
죽탑에 온기 남아 그대로 뒤척이고 竹榻留溫仍輾轉
갈건은 취하여 기운 채 방치하네 葛巾和醉任欹斜
산채를 약초 삼으니 향기가 새롭고 山蔬得藥生新馥
신선 우물 꽃잎 떠 조각 노을 되었네 仙井浮花作片霞
모군의 연단법을 물으려 하였더니 欲問茅君鍊丹法
옛 벗은 세속 인연 많다고 조롱하네 故人嘲我俗緣多

순상 김 공【연천】을 이별하며

奉別巡相金公【淵泉】

당발[38]에 봄이 오니 맑은 기운 넘쳐나	春移棠茇有餘淸
바람에 역마 울며 자사가 행차하네	駟馬嘶風刺史行
북두성은 심상에 단심으로 그리워하고	斗北尋常懸寸悃
영남의 칠십 고을 어진 명성 두루했네	嶠南七十遍仁聲
신선의 거처 눈길 두어 시채를 남기고[39]	仙薖着眼留詩債
나랏일 염려하여 가는 길 재촉하네	王事關心遄去程
서봉의 정분은 다하지 않았으니	最是西峯情不極
간절히 고개 돌려 경성을 바라보네	那堪回首望京城

해인사 장판각

海印寺藏板閣

부처님의 등불이 백 천 등 이어지니	佛燈燃續百千燈
전각이 높이 솟아 상승[40]을 설한다	殿閣雄嵬說上乘
산은 수미산이라야 비로소 크고	山到須彌方是大
하늘은 도솔천이어야 위없으리	天歸兜率亟無層
신라의 섬돌에 이끼가 아롱지고	羅朝石砌莓苔印
불함의 거북 꼬리 색상이 공이로다	佛檻龜尾色相空
청정세계 거마의 자취도 많을사	淨界嗟多車馬跡
흰구름 깊은 곳에 고승을 부른다	白雲深處喚高僧

습정 상사에게 부치다
簡寄習靜上舍

서울을 바라보니 연파에 가렸는데	洛城相望隔烟波
이별 후 세월은 이십 년이 흘렀구나	別後光陰廿載過
그대 집에서 다시 만날 길 없나니	無路重逢習靜舍
애정의 흐름을 없애기 어려워라	有刀難割愛情河
찬 구름 아득히 봄 기러기 이르고	寒雲渺渺春鴻早
저녁 비 어두운데 눈 녹은 물 넘치네	暮雨冥冥雪水多
애석타 기둥에 글 쓰던 손[41]도 노쇠해	可惜空衰題柱手
높은 수레와 벼슬은 여전히 어긋났네	高車名宦尙蹉跎

영천 수령 심 공의 시에 화답하다
奉和永川倅沈公

북해의 깊은 술 단지 취하기 좋으니　北海樽深不妨酡
빈 뜰에 매화와 대 그림자 춤을 춘다　空庭梅竹影婆娑
근심 나누는 정치는 산 남쪽이라 적고[42]　分憂政致山南少
선정의 노랫소리[43] 고을에 울린다　來暮歌謠巷裏多
스님을 만류해 종일 현담 나누었고　盡日玄談留白衲
몇 해를 주묵으로 청라를 꿈꾸었나　幾年朱墨夢青蘿
침상의 거문고와 학은 원래 허물없으니　一床琴鶴元無累
훗날 강호에서 푸른 도롱이 손질하리　他日江湖理碧簑

원운 原韻

관각에 스님을 붙잡고 반쯤 취하여　官閣留僧酒半酡
오사와 백책[44]으로 함께 춤을 추노라　烏紗白幘共婆娑
태전은 한 공에게 자주 들렀고　太顚來過韓公數
비연은 석자[45] 따라 교유하였네　秘演從遊石子多
부끄럽다 진토에서 벼슬하는 내 신세　塵土愧吾垂紫綬
부러워라 산 암자 청라에 누운 그대　山菴羨爾臥青蘿
이 몸이 늙기 전에 한가함 얻으리니　及身未老閒應得
조정의 옷 야인의 도롱이와 바꾸려네　欲把朝衣換野簑

조양각에 올라

登朝陽閣

다시 조양각 올라 두루 바라보고	更上朝陽一望迴
뜬구름 세상 마음을 그대에게 여노라	襟期浮世與君開
맑은 강은 너른 들 가르며 흘러가고	白水中分周野去
푸른 산은 달빛 성에서 뻗어 오네	靑山多自月城來
스님은 시를 꺼려 자주 자리 옮기고	僧嫌詩澁頻移榻
기생은 봄추위 싫어 자주 술 권하네	妓怕春寒數勸杯
어찌하면 좋은 밤 다시 만나서	安得良宵重此會
지는 노을 철새와 함께 배회할까	落霞孤鶩共徘徊

이 도사【지형】에게 화답하다

奉和李都事【之珩】

느슨한 띠 가벼운 삼베 벼슬도 싫어서　　緩帶輕杉宦興微
푸른 산 백발로 돌아가길 잊었네　　青山白髮澹忘歸
햇빛에 비치는 나그네 깃발 가을도 바뀌고　　行旌日射秋容轉
공관에 시 이루자 아전 모습 드무네　　營閣詩成吏影稀
길에 가린 남쪽 구름 몸은 멀리 있는데　　路隔南雲身已遠
마음은 북궐 연연해 꿈이 먼저 찾아가네　　心懸北闕夢先飛
문장에 저절로 초연한 뜻 있으니　　文章自有超然志
삼각산 유람할 약속 어기지 말기를　　三角從遊信莫違

정 상사의 시운을 차하다
次鄭上舍

그윽한 청산은 내가 사는 곳	靑山窈窕是吾棲
구곡의 맑은 물결에 발을 씻노라	濯足淸波九曲溪
항상 단상에서 금문을 열독하고	每把金文壇上閱
때로 돌 사이에서 패엽을 쓰나니	時將唄葉石間題
흰 구름은 숲 아래 중을 따라 나서고	白雲林下從僧出
누각의 밝은 달은 길손에게 다가간다	明月樓頭近客低
출가한 지금 만 생각이 그쳤으니	落髮如今灰萬念
어찌 치국과 제가를 논하랴	何論國治與家齊

명률의 운을 잡아 매전옹에게 삼가 화답하다
拈明律韻奉和梅田翁

출가한 몸 세속에 물듦 부끄럽나니　　自愧緇衣染市氛
한 단지 술과 정담에 석양이 진다　　一樽團話夕陽分
창 사이 밝은 달에 취흥이 일고　　窓間飲興仍明月
누각의 저녁 구름에 시정이 솟는다　　樓上詩情趁暮雲
산승이 올 때에 문 깊이 닫혀서　　山釋來時深閉戶
매화 뜰엔 온종일 고요해 무리 없네　　梅園終日靜無羣
도도한 세태는 명주처럼 얄팍하니　　滔滔世態如紗薄
말세에 마음 벗은 오직 그대뿐이라　　末俗知音只有君

원운 原韻

높은 옥우 청정해 티끌조차 없는데　　崢嶸玉宇淨無氛
낮 짧고 밤은 길어 시각도 바뀌네　　晝短宵長漏已分
나뭇잎은 기러기 떼처럼 흘러가고　　鴈字飄流山木葉
바다 구름은 고기비늘인 양 펼쳤네　　魚鱗鋪設海天雲
마음의 자취 세속과 어긋남 아노니　　自知心迹多違俗
누가 알랴 명성이 멀리 무리 벗어남을　　誰識聲名逈出羣
조만간 호숫가 은거할 계획 이루면　　早晩若成湖上計
수 칸 난야에 그대 함께 머물리라　　數間蘭若可棲君

또 매전옹에 화답하다
又和梅田翁

좋은 만남 은근히 나를 보내는 정	良晤慇懃送我情
주머니 가득 고운 시구는 옥 소리라	滿囊佳句玉爭鳴
어제 동해의 구름 사이에서 출발해	昨從東海雲間發
오늘은 팔공산 골짜기 향해 떠난다	今向公山洞裏行
활기찬 얘기로 가절의 모임 수창하나니	談劇聊酬佳節會
시 지어 훗날의 명성 바람 아니로다	詩成非要後時名
내년 봄에 서호의 계책을 이룬다면	明春倘遂西湖計
필마로 돌아가 이른 꾀꼬리 소리 들으리	匹馬歸應聽早鶯

소주 수령 김 공【반】의 시에 화답하다
奉和韶州倅金公【磐】

까마귀 울음에 객탑의 잠이 막 깨어	烏啼客榻睡初醒
천천히 봄빛 밟으며 화정에 오른다	倦踏春光上畫亭
햇살이 따스해 뜰 나무에 꽃부리 돋고	日暖庭花方報蕚
바람이 화창하니 개울 버들 푸르구나	風和溪柳漸看青
시구를 한 줄 쓰고 단지 앞에 취하여	一聯題罷樽前醉
여섯 구비 여울 소리 침상에서 듣노라	六曲灘長枕下聽
알겠구려, 소주의 인연 다하지 않아	知是韶州緣未了
가절이면 늘 짧은 지팡이로 머무는 것을	每乘佳節短笻停

원운 原韻

지는 해 창창한데 술이 반쯤 깨어서	落日蒼蒼酒半醒
시채를 갚으려 높은 정자 앉았네	爲酬詩債坐高亭
무단히 늙어 감에 머리만 세었고	無端老去頭何白
유심히 살피니 버들은 푸르구나	有意看來柳欲青
누각은 꿈에 오른 듯 넓은 들 머금고	樓似夢登呑野濶
나무는 사람처럼 개울 소리 듣는 듯	樹如人立俯溪聽
흉년에 세 번 고을 수령 되었으니	荒年又作三兼尹
동서로 분주해 잠시도 머물지 못하네	奔走東西不暫停

소주 동각에 바치다

奉呈韶州東閣

덧없는 세상 맑은 놀이 취하고 깨는 대로	浮世淸遊任醉醒
시내와 산 따라 정자에 오르기도	溪山隨處或登亭
호탕한 봄바람 꽃 마음 움직이고	東風浩蕩花心動
부슬부슬 낮 비에 보리 싹도 푸르구나	午雨微茫麥氣青
임금의 크신 은혜 흉년에 펼쳐지고	聖主洪恩荒歲見
사군의 어진 정치 고을이 노래하네	使君殊政巷謠聽
관아의 술 바다 같고 시 값도 넉넉하니	官醪如海多詩料
미선당 가운데 달빛 맞아 머무르노라	美善堂中帶月停

봄날 매전옹과 함께 읊다

春日與梅田翁共賦

달성으로 돌아가는 길 정분을 얘기하니	達城歸路話情由
등불 아래 현담에 밤은 유장하네	燈下玄談盡夜悠
예부터 맑은 인연은 여만[46]의 결사요	從古淸緣如滿社
오늘의 밝은 달은 유 공[47]의 누각일세	至今明月庾公樓
좋은 시절 멋진 만남 청안이 기쁜데	良時勝會欣靑眼
덧없는 세상 괜한 시름에 흰머리뿐이라	浮世閒愁任白頭
동림의 모임 맺어 가까이 살려고 하나	欲結東林將近住
외물에 쫓겨 못 쉬는 신세가 부끄럽네	自慚形役不能休

구산 책실 심 공【능수】에게 삼가 화답하다

奉和龜山册室沈公【能守】

금수강산 영롱하여 저녁노을 맺히고	錦繡玲瓏結晩霞
동천의 맑은 새벽 그림처럼 아름답네	洞天晴旭畫中嘉
한가한 몸 차 달이며 가을빛 보나니	人閒茶熟看秋色
낙엽과 맑은 서리에 세월을 느끼네	木落霜淸感歲華
섬계의 높은 선비 그리워하였더니	剡水相思高士宅
구산이 때때로 사군의 집 찾아 주네	龜山時到使君家
남녘 고을 정히 풍광이 아름다운데	南州政値風光好
국화 잎 술에 취해 모자가 기운다	泛菊杯深醉帽斜

술회

述懷

종일 불경 보지만 어찌 참 공부랴	看經終日豈眞功
그림자 붙잡듯 흐린 눈에 어른거리네	緣影森森霧眼中
선서[48]가 돌아오지 않아 기수[49]가 어둡고	善逝不廻秖樹暗
공자가 떠나자 행단[50]이 텅 비었네	仲尼一去杏壇空
주문[51]엔 용문에 오른 손님[52]뿐이니	朱門渾是登龍客
백옥[53]엔 어찌 새옹[54]이 해로우랴	白屋何妨失馬翁
천추의 옛 선인을 슬피 우러러보며	悵望千秋前輩遠
유연히 개울가에 홀로 바람을 읊노라	悠然臨水獨吟風

천 석사에게 화답하다

答千碩士

차가운 매화 피어 티끌조차 없는데 寒梅花發淡無塵
우연히 그대 만나니 한 해도 바뀌었네 邂逅逢君歲色新
세상에 기로 많아 나는 병들었는데 世路多歧吾已病
화주에서 생계 꾀하는 그대 왜 가난한지[55] 畫厨謀食子何貧
빼어난 글과 큰 글씨는 타산지석이요 文章大筆他山石
풍설 치는 등불 아래 옛 고향 사람이라 風雪孤燈故國人
이제부터 방외의 친분을 이루어 從此仍成方外契
이른 봄 전원에서 맑은 새벽 물으리라 早春田舍問清晨

손 진사【성악】에게 드림
簡呈孫進士【星岳】

누가 공문의 한 노승을 생각해 주리	誰念空門一老僧
깊은 밤 홀로 앉아 등불 심지 돋우네	殘宵深坐只挑燈
해가 가도록 첩첩 산 막혀 못 만났는데	經年面阻山千疊
새해 맞아 편지 오니 뜻은 한이 없네	新歲書回意萬層
유자[56]의 시정은 달빛 함께 한가한데	庾子詩情閑趁月
낭선[57]의 신세는 얼음처럼 차갑기만	浪仙身世冷如氷
떠나가는 기러기는 천금의 시구이니	征鴻帶得千金句
종일 어루만지며 흥을 가누지 못하네	竟日摩挲興不勝

매옹의 전사에서 묵다【2수】

宿梅翁田舍【二首】

[1]

어르신은 늘 나의 어리석음 포용하여	我叟每能容我昏
유연히 마주하면 기뻐 말씀 없으시네	悠然相對喜無言
화창한 바람 가득해 숲의 꽃 고요하고	和風浩浩林花靜
따스한 해 더딘데 시내의 새 지저귀네	暖日遲遲澗鳥喧
흥에 끌리니 백련사의 술이 어울리고	牽興不妨蓮社酒
마음을 얘기하러 매화 마을 머문다네	論心來宿野梅村
이별할 제 다시 산수의 약속 맺나니	臨分更結溪山約
소매 가득 새 시에 한잔 술을 더하네	滿袖新詩又此樽

[2]

율리엔 예부터 작은 길 통하여[58]	栗里從來小徑通
진탕 길도 마다 않고 찾아간다네	相尋不憚滑泥中
시정은 즐겨 새로 개인 달을 좇고	詩情肯逐新晴月
머리는 취한 후 바람에 비끼네	鬢髮橫斜醉後風
곤궁해도 뜻과 업은 견고해야 하느니	窮處且宜堅志業
가난하다고 어찌 신세를 한탄하랴	困餘何歎蹇身宮
부운 밖에 돌아갈 여정 준비하니	歸程料理浮雲外
만길 봉우리 높이 허공에 솟았네	萬丈峯高入遠空

매전을 방문하다
過梅田

세상일 어긋나고 백발만 새로운데	世事蹉跎白髮新
황금이 다하자[59] 다정한 이도 적구나	黃金盡處少情人
한겨울 나그네 이가 옷을 침범하고	三冬作客侵衣虱
한 해 동안 병든 몸 침상엔 먼지 가득	一病經年滿榻塵
성곽 밖 돌밭은 지력도 다했으니	郭外石田耗地利
정원의 꽃과 나무에 천진함 맡기네	園中花木任天眞
거문고의 유수 소리 끝내 변함없으니	匣琴流水終無改
담담한 마음은 세속의 친함과 다르다오	淡淡襟期異俗親

소요재【윤 판서 광안의 조카】에게 드림
奉呈逍遙齋【尹判書光顔從子】

항상 소요재 그리워 누대 오르나니	苦憶逍遙每上臺
맑은 모습 때로 꿈에서나 뵙는다	淸儀時與夢中開
청산은 모두 붉은 노을에 둘러 있고	靑山盡入彤霞繞
차가운 비는 푸른 시내에서 온다	寒雨還從碧澗來
남녘 국화 시들자 가을도 지나가고	南菊纔衰秋已去
북녘 편지 없이 기러기만 돌아온다	北書不到鴈空回
그대는 광려산에서 독서하는 참 선비	匡廬好讀眞佳士
태평시대에 시부 바쳐 재주를 펼치리	聖世君能獻賦才

담재【윤 판서의 자제】에게 드림

奉呈澹齋【尹判書胤子】

동화사에서 촛불 잡고 놀던 때 기억하니	憶昔桐華秉燭遊
금호강에 아직 난주[60]를 못 띄웠네	琴湖尙未泛蘭舟
어진 벗 만나지 못한 채 여름이 지나고	良朋不見仍經夏
좋은 약속 어기고 또 가을 보내는구나	佳約相違又送秋
백납의 행장은 구름처럼 쉬 흩어지고	白衲行裝雲易散
푸른 옷깃 시정엔 달만 길이 머무르네	青襟詩思月長留
떠돌다 만나 웃으매 신교[61]가 소중하니	萍逢一笑神交重
이별 뒤 부질없이 많은 시름에 애달프리	別後空勞萬斛愁

장수 현승 이 공을 알현하다
謁長水丞李公

난간 가까이 향기로운 백일홍 피어	百日紅開近檻芳
초연히 홀로 앉으니 선랑이로다	超然獨坐便仙郎
서청[62]의 큰 자취 무리들 경도하고	西淸偉躅傾時輩
남기[63]의 높은 명성 고을들 진동하네	南紀高名動下鄕
우수수 갈대밭에 묵은 비 지나고	淅瀝蒹葭經宿雨
영롱한 솔과 계수엔 석양이 걸렸네	玲瓏松桂掛斜陽
형해 밖에 허물없는 교분이 두터워	無間交道形骸外
슬픈 이별 길에 또 한 잔 들이켜네	怊悵臨歸又一觴

헛되이 한 해를 보내는 부끄러운 신세	荒嬉愧我度年芳
십 년을 예원랑[64]으로 부침하였네	十載浮沉藝園郎
교분의 도는 너 나를 잊어 두터웠고	交道若將忘爾汝
시문은 빼어나서 경향에 드물었네	詩章如許少京鄕
낮잠이 깨고 나서 향 심지 사르고	午眠纔罷焚香炷
가을비 새로 개니 석양이 되비치네	秋雨新晴返夕陽
흉중의 비린한 마음 어느덧 사라져	不覺胷中消鄙吝
은근히 자리 좁혀 다시 술을 따르네	殷勤促席更斟觴

【이 공의 차운(右李公次韻)】

윤 판서 지헌공을 곡하다

哭尹判書止軒公

아득한 기전[65]을 멀리서 바라보니　落落箕躔望裏遙
맑은 모습 어디에서 다시 뵐까　清儀何處更相邀
서호에 새로 핀 매화 기억하나니　西湖梅憶開新蘂
남녘엔 감당 옛 노래 슬피 부르네　南國棠悲續舊謠
마을 길엔 상저가 소리 그쳤는데[66]　春杵響收羣黎巷
태평 시절 산하의 기상만 웅장하네　山河氣壯聖明朝
향은 스러지고 고요히 난간 기대니　香消漏靜憑欄坐
선학이 푸른 하늘에서 내려오는 듯　仙鶴依俙下碧霄

김 의성【반】을 곡하다
哭金義城【磐】

한평생 맑고 맑은 한 조각 마음	澹澹生平一片心
귀소[67] 두 현에 몇 번이나 찾았나	龜韶兩縣幾相尋
누각 가득 밝은 달빛 누가 보아 주리	滿樓明月誰看好
상자에 남은 시문에 한만 깊어 가네	遺篋瓊琚此恨深
한 번 서울에서 천 리 길 이별한 후로	一別西京千里路
십 년을 남녘 끝 첩첩 산에서 지냈네	十年南極萬重岑
아득한 구천에서 일으킬 도리 없으니	迢迢愛莫重泉起
남은 생애 길이 눈물로 지내리로다	長使餘生淚映襟

가을날 의흥 군수 한 공【통유】을 모시고 〈수도 폭포를 보다〉 시운을 차하다【2수】

秋日陪義興倅韓公【通裕】觀修道瀑布次韻【二首】

[1]

섬중의 바위와 골짜기 선루를 둘러　剡中巖壑繞禪樓
비 온 뒤 새로 백 길 흐름 더하누나　雨後新添百丈流
갈대 피리 층층 바위에서 맞이하니　蘆笛相邀層石面
수레는 멀리 푸른 봉우리 내려가네　藍輿遙下碧峯頭
사군의 정치는 유수와 같이 맑고　使君爲政淸如水
신선 벗은 가을 하늘처럼 티끌 없네　仙侶無塵澹似秋
오늘 우연히 방외의 교분 맺으니　此日偶成方外契
하룻밤 불등 아래 대화가 쉼 없네　佛燈一夜語難休

[2]

옥동의 맑은 근원 작은 누각 있으니　玉洞靈源有小樓
사군이 수레 멈추고 맑은 시내 앉았네　使君停蓋坐淸流
하얀 물방울 얼굴에 차갑게 날리고　明珠飛着寒人面
산비는 불어와 말 머리를 씻어 주네　山雨吹來淨馬頭
패엽경은 항상 눈에 비치는데　貝葉不妨長照眼
귀밑머리 어이하여 또 세었나　鬢毛何事又生秋
공무의 여가에 흥을 타고 찾으니　簿書之暇乘興過
우는 새와 푸른 산이 나를 쉬게 하네　啼鳥靑山儘可休

원운 原韻

수도암 가운데 해회루 있으니　修道菴中海會樓

푸른 시내 층층 바위에 흐르는 물소리	淸溪層石可聽流
비 지나자 산의 모습은 세수한 듯	雨過如洗山前面
눈이 휘날리면 시냇가 볼 만하구나	雪灑堪看水上頭
두 피리 소리 어울려 긴 날을 보내니	雙笛相和消永日
삼복도 덥지 않아 가을 기운 짙구나	三庚不熱擬淸秋
동향에 이르러 그대까지 만나니	同鄕旣到兼逢汝
흥에 겨워 쉼 없이 술잔을 들이켠다	乘興傾杯也不休

구산 책실【이자첨】에게 화답하다

奉和龜山册室【李子沾】

말년에 누가 죽반승[68]을 알아주리	末路誰知粥飯僧
아양[69]으로 늙어 노능[70]에게 부끄럽네	啞羊虛老愧盧能
남녘의 박학한 선비 고금에 드물고	南來博學今無古
봄날의 맑은 시도 일찍이 없었네	春到淸詩亦未曾
흐르는 자취 한가한 시객이라 자칭하니	浪跡自稱閒詠客
영공께서 한 번 웃고 마음 벗 허여하네	令公一笑許心朋
그대 이미 큰 경륜 품었음을 아노니	知君已抱經綸大
좋은 시절 만나면 반드시 급제하리라	際會明時折桂應

순상 이 공을 징각澄閣[71]에서 알현하고

시를 올리다【6수】【서문 첨부】

謁巡相李公于澄閣賦進【六首】【并小序】

갑술년(1814, 순조 14) 봄에 연유蓮遊 선생이 영백嶺伯(영남 관찰사)이 되었는데 안정되고 법도가 있었으며 다스림이 남보다 뛰어나 백성들의 칭송이 성대하였다. 내가 이때에 이름을 밝히고 들어가 알현하니 마음이 서로 맞아 옛사람의 유의留衣의 유풍이 있었다. 달 밝은 밤과 공퇴公退(퇴근)의 여가에 함께 맑은 달빛 사이에서 노닐며 수창하고 증정하여 약간의 시를 얻게 되었으니 참으로 일세一世의 성대한 일이다. 전편全篇은 잃었으나 여기에서 여섯 수는 알 수가 있다.

甲戌春。蓮遊先生爲嶺伯。安靜有度。治謨過人。民頌藹蔚。余於是投刺入謁。湝然相合。有古人留衣之風也。月明之夕。公退之暇。共徘徊於澄淸如水之間。唱而酬之。酬而贈之。得若干詩。眞一世之盛事也。其全篇雖逸。於此六首可知云。

[1]

송백 우거진 산에서 성군을 축원하며	松栢岡陵祝聖君
온갖 반연 끊은 채 홀로 떨어져 사노니	萬緣消盡獨離羣
십 년간 원숭이와 숲에서 은거하고	林居十載猿携隱
세 해 봄을 학과 더불어 한가히 지냈네	雲臥三春鶴與閒
당헌[72]에서 함께한 달구경 늘 그립나니	每想棠軒同賞月
백련사에서 몇 번이나 정운을 슬피 보았나	幾回蓮社悵停雲
홍균의 큰 기운[73] 고르게 덮어 주니	洪勻一氣無私覆
만물도 기뻐하고 나 또한 기쁘구나	物物欣欣我亦欣

[2]

맑은 인연 그치려도 어쩔 수 없어 欲罷淸緣奈我何
태수를 뵈려고 세 번을 들렀노라 爲看澄閣已三過
몸은 들판의 학처럼 정처 없고 身如野鶴行無定
시는 늘그막에 지쳐 노래를 그쳤네 詩到桑楡倦不哦
오래 앉아 지는 해도 잊었나니 坐久却忘斜日入
누각 비어 먼 산은 더욱 뚜렷하구나 樓虛偏覺遠山多
금성은 초제의 경계보다 못하나니 錦城莫若招提境
들쭉날쭉 흰 바위에 청라가 둘렀네 白石參差繞碧蘿

[3]

감당 그늘에 묵으니 늘 반가이 맞아 棠陰來宿眼常靑
아침저녁마다 화각 소리 들려오네 畫角朝朝暮暮聽
석장 머물러 호랑이를 복종시키고 住錫可能鉗伏虎
마음을 보매 어찌 명성[74] 기다리랴 觀心何必待明星
높은 누각 가는 버들 난간에 드리우고 樓高細柳低垂檻
긴 햇살 꽃잎 날려 천천히 뜰에 지네 日永飛花倦入庭
잔나비와 학도 나의 지체를 비웃으며 猿鶴笑吾留滯久
산신의 안개로 솔 정자를 감췄으리[75] 應敎神霧鎖松亭

[4]

『능엄경』 읽으며 바닷가 밤 깊어 가는데 一部楞嚴海夏深
나루터의 뗏목[76] 잃은 노선객의 마음이라 迷津寶筏老禪心
외로운 봉우리 조각달에 공과 색을 관하고 孤峯片月觀空色
흐르는 물 솔 거문고에 법음을 생각한다 流水松琴想法音
팔공산에 하안거 결제하여 소요하고 結夏公巒聊偃仰

징각에 봄을 노래하며 애써 등림하네　吟春澄閣强登臨
아름다운 시를 받아 상자에 가득하니　瓊琚受賜藏箱篋
돌아가 서암에 누워 홀로 읊으리라　歸臥西菴浪獨吟

[5]
공무 마치고 한가할 제 늦바람 쏘이니　公退餘閒挹晚風
팔공산 산빛이 누각 둘러 통했구나　八公山色繞樓通
시채를 갚으려 세 밤을 얘기하고　爲酬詩債三宵話
청라 옷 남겨 주며 침상을 함께했네　留與蘿衣一榻同
달빛 가득 먼 성에 치첩[77]이 하얗고　月滿遙城雉堞白
밤 깊은 관아 누각에 초롱불 붉구나　夜深官閣燭紗紅
요즈음 초연히 떠날 생각 넘치나니　年來我有超然思
석장으로 천천히 날아 해동을 편력하리　錫杖徐飛徧海東

[6]
온갖 풀잎마다 불조의 바람 불어오니　百草頭頭佛祖風
바위 꽃 시내의 대도 모두가 영통하다　巖花澗竹盡靈通
마음의 사귐 막역하여 운니가 화합하고[78]　神交莫逆雲泥合
하늘의 뜻 사사로움 없어 물아가 같구나　天意無私物我同
만 개의 흰 달빛은 하나의 달에서 나오고　萬月元從孤月白
천 개의 등불은 한 등불에서 나오는 법　千燈竟自一燈紅
부끄럽다 내 지혜의 검을 갈지 못해　慚吾未勵金剛劍
티끌 인연 따라서 동서로 떠도는구나　浪逐塵緣西復東

표충사로 돌아오는 길에 다시 관찰사를 알현하고 운을 부르시기에 즉시 짓다

表忠歸路復謁澄閣呼韻即搆

석장으로 많은 골짜기 숲을 지나오니 一錫來穿萬壑林
당헌의 계극[79]이 삼엄하게 서 있네 棠軒棨戟立森森
바람이 화창하니 동녘 들 햇살 느끼고 風和已覺東郊日
눈이 녹자 겨울의 차가움도 물러가네 雪盡初收北陸陰
가는 비 공덕 이루어 지맥이 통하고 小雨有功通地脉
가벼운 추위는 봄의 마음 이기지 못하네 輕寒無力壓春心
밤 깊도록 홀로 산승과 얘기하노라니 夜淒獨與山僧話
밝은 달빛 속에 들려오는 다듬이 소리 滿地月明何處砧

관찰사(澄閣)[80]의 반구대 시운을 받들어 화답하다

奉和澄閣盤龜臺韻

자사의 도량은 넓고도 넓으니	刺史襟期曠曠然
깃발이 잠시 옛 시냇가 머물렀네	旌旗暫駐古溪邊
층층 바위는 진편[81]에도 끄떡없고	層巖不動秦鞭日
깎아지른 절벽은 우부[82]로 열렸어라	絶壑應開禹斧年
일찍부터 산남의 명승지에 취하여	夙飽山南名勝地
물외의 고요한 하늘을 찾아가노라	行尋物外沈寥天
인간 세상의 무릉도원이 예 있나니	人間認是桃源境
돌길에 동천의 자줏빛 안개 이누나	石逕霏微紫洞烟

달성에서 황정 이 공을 만나 삼가 차운하다
達城逢黃庭李公謹次

나그네 수레 멈추니 길은 얼마이뇨	客子停驂路幾何
가야산 두루 밟고 다시 지나노라	伽倻踏盡更來過
광려산[83] 옛꿈에 청려장은 멀고	匡廬舊夢靑藜遠
안탕산[84] 새 시에 백발만 늘었네	鴈蕩新詩白髮多
좋은 시구 침음하여 귀매[85]를 울리고	佳句沉吟啼鬼魅
명승지 편력하며 연하에 취하였네	名區歷遍飽烟霞
타향에서 만나 웃으니 옛정 그대로	萍逢一笑情如素
긴 밤 심지 돋우며 『법화경』을 얘기하네	永夜挑燈話法華

휴정 스님 남긴 법도 근래에 어떠한고	靜師遺範近如何
나그네 침상이 석장 소리에 깨었네	客榻翻驚錫杖過
무본[86]의 일생은 가을 물처럼 맑았고	無本一生秋水冷
교연[87]의 삼매는 새벽 산에 넘쳤네	皎然三昧曉山多
소와 달을 참구하는 밝은 지혜 사랑하나	正憐靈竅參牛月
목하[88]를 증득한 선기에 되레 부끄럽네	却愧禪機證鶩霞
새로이 깨끗한 모임 만들었나니	認是澄淸新結社
공문의 연화세계에 늦게 마음 맺었네	空門晩契妙蓮華

【황정(右黃庭)】

또 황정의 시운에 화답하다

又和黃庭

인연 따라 행각하며 달성에 이르러	行脚因緣到達城
침상 나란히 삼 일간 평생을 얘기한다	聯床三日語生平
누대의 큰 기운에 초승달 떠오르니	樓臺灝氣初升月
운수의 흉금이 더욱 맑아짐을 느낀다	雲水靈襟轉覺淸
유랑의 자취는 총령[89]의 빛을 지녔고	浪迹携來葱嶺色
높은 이야기는 호계의 소리 듣는 듯	高談宛聽虎溪聲
서울에 마음의 벗 많음을 아노니	洛中多有知音友
몇 번이나 무릎에 거문고를 비꼈던가	幾把牙琴膝上橫

임궁[90]은 아득하여 화성처럼 솟았는데	琳宮縹緲化人城
육근을 깨끗이 하며 상평[91]을 배운다	淨盡諸根學向平
만 리 바람과 꽃에 천 개 전대 무겁고[92]	萬里風花千橐重
백 년의 운수납자 발우 하나 맑구나	百年雲水一盂淸
여윈 모습에 차가운 솔 빛이 넘치고	癯眉不掩寒松色
외로운 꿈은 경쇠 소리에 깨누나	孤夢初回古磬聲
형외의 텅 빈 마음에 방외의 발자취	形外冲襟方外跡
현금[93]을 마명[94]에게 빌려 연주하려네	玄琴欲借馬鳴橫

【황정(右黃庭)[1]】

1) ㉾ '右黃庭'이 누락된 듯하여 보입하였다.

또 황정에게 올리다
又上黃庭

진리 찾는 행색은 세속 티끌 벗어나	尋眞行色脫囂塵
구름과 안개 길 몇 번이나 새로웠나	一路雲霏幾疊新
나그네 신세로 강산 실컷 밟았고	倦踏江山仍作客
세세히 시구 논하며 사람을 만류했네	細論詩句故留人
석장 끝에 태평시대 상징이 어리고	錫端有象升平日
전대 속엔 무궁한 조화의 봄기운이라	橐底無窮造化春
동림의 백련사 교분 맺기 원하건만	願結東林蓮社契
이별 후의 그리움 마음만 괴로우리	相思別後奈勞神

버들이 날리고 흙먼지 흩어지는데	楊柳鬖鬖撒麴塵
봄바람이 불어와 들꽃이 새롭구나	東風吹盡野花新
명산과 온 나라를 떠도는 청노새요	名山郡國青騾子
누대의 가랑비에 백납의 신세라	細雨樓臺白衲人
상하[95]에 서로 만나 삼 일 머물며	桑下相逢三宿夜
감당 그늘에서 봄의 화기 노래했네	棠陰共詠一團春
불길에 시의 겁난 사라진 후에	絳雲詩劫消磨後
진리의 말씀 늙어 더욱 새로우리	應是眞詮老叓新

【스님의 시권이 일찍이 불에 타 재가 되었기 때문이다.(師之詩卷曾入灰燼故云)】

【황정(右黃庭)】

이별할 제 다시 두보[96] 율시의 운을 들어 서로에게 주다

臨別叓拈杜律韻相贈

멀리 푸른빛 속 귀로를 가리키니	遙指歸程積翠中
아사리가 찾아와 빈 암자를 알리네	闍梨來報一菴空
연단의 달빛에 처량한 잔나비 소리	蓮壇月細淸猿夕
돌 아궁이 연기 스러지면 계수 바람	石竈烟殘古桂風
늦은 교분 흐르는 물처럼 허명한데	晩契虛明流水白
떨어지는 붉은 매화 이별 노래 슬프네	離歌惆悵落梅紅
추성[97]에서 차가운 꽃 약속 찾으려니	秋城欲覔寒花約
황정의 집 안에는 얼마나 피었는가	幾尺黃庭屋裏叢

쇠잔한 몸 잊고 마침 찾아오니	殘骸相忘適來中
봄 산의 목석에 사대[98]도 공이라	木石春山四大空
업해를 같이하니 숙세의 과보 슬프고	宿果堪悲同業海
가풍이 적으니 상승의 법이 애석타	上乘還惜少家風
황량한 나각[99]은 천 년을 푸르고	荒凉螺殼千年碧
적막한 연꽃은 선탑에 붉구나	寂寞蓮花一榻紅
진대와 유의[100]도 모두 부질없는 일	鎭帶留衣渾謾事
계림[101]에서 나누어 준 시만 총총하여라	桂林分贈玉叢叢

【황정(右黃庭)[1]】

1) ㊀ '右黃庭'이 누락된 듯하여 보입하였다.

신녕 수령의 시에 삼가 화답하다【3수】

奉和新寧倅【三首】

[1]

사군의 그윽한 생각 선계[102]에 들어　　使君幽思入無何
숲의 중에게 달빛 받으며 오라 하네　　時許林僧帶月過
지팡이로 소요하며 시구를 찾고　　杖屨逍遙仍覔句
상귀[103]는 맑아서 관아의 일 잊었네　　牀龜蕭灑便忘衙
동각에 술 차려 손님 자주 맞고　　開樽東閣延賔數
걸상 풀어[104] 남녘 선비들 예우하네　　解榻南州下士多
공무를 마친 후 침상을 함께하니　　一枕時携公退後
고향 집 솔과 국화가 꿈에 어른거리네　　故園松菊夢中家

[2]

허공에 솟은 화각 푸른 시내 임하여　　浮空畵閣壓淸川
노란 잎이 바람에 끊어졌다 이어진다　　黃葉隨風斷復連
한 곡 애가는 술 권하는 붉은 소매　　一曲哀歌侑紅袖
석 잔 순주에 화려한 잔치 자리　　三杯醇酒又華筵
사군의 흥은 차가운 꽃 속에 들고　　使君興入寒花裏
중의 마음은 저녁 경쇠로 돌아간다　　游釋心歸暮磬邊
이 놀이 저녁이라고 파할 것 없으니　　不必玆遊終夕罷
중천에 날 위해 둥근 달이 뜨리라　　中天爲我月將圓

[3]

남녘 관아 방문하려 석교를 건너니　　爲訪南衙渡石橋
넓은 마음으로 병든 참료[105] 헤아린다　　冲襟能恕病參寥

한 단지 술 가냘픈 노래에 꽃을 보는 저녁　　一樽歌細看花夕
소매 가득한 시에 촛불 잡고 지새는 밤　　滿袖詩工秉燭宵
백납의 생애 가난도 한스럽지 않고　　白衲生涯貧不恨
사군의 높은 의리 귀해도 교만 없구나　　使君高義貴無驕
맑은 거문고와 학이 풍류가 넘치니　　蕭然琴鶴風流厚
시내의 달과 숲 구름이 항상 날 맞는다　　溪月林雲每見邀

원운 原韻

공무의 여가에 발걸음이 석교에 이르니　　公餘遊屐倒石橋
붉은 잎과 노란 꽃 쓸쓸하지 않구나　　紅葉黃花不寂寥
시와 술 향기로운 자리에 이틀을 보내고　　詩酒芳筵經信宿
거문고와 바둑 좋은 모임 오늘 밤 맞았네　　琴棊好會又今宵
노년에 크게 취하니 마음이 통쾌하고　　衰年大酒心方快
흰머리로 높게 노래하니 기운 아직 넘치네　　短髮高歌氣尙驕
다행히 이웃 스님 정과 마음 두터워　　賴有隣僧情念重
흉금을 얘기하며 주야로 맞이해 주네　　論襟日夕輒相邀

새 수령과 함께 '의' 자 운을 읊다

新衙共賦衣字

납의 하나로 담박하게 뒤따르나니	澹泊相隨一衲衣
미풍과 지는 해에 지팡이는 나는 듯	徹風斜日短筇飛
동곽에 지는 꽃잎 봄은 아직 남았는데	落花東郭春猶在
서봉의 밝은 달에 나 홀로 돌아가네	明月西峯我獨歸
좋은 벗 향기로운 술에 흠뻑 취할지니	好友芳樽須盡醉
좋은 시절 고운 시구 어찌 드물겠나	良辰佳句豈全稀
녹음 짙은 나무 꾀꼬리 소리 매끄러워	繁陰綠樹鶯歌滑
맑은 강 노래한 사현휘[106]를 생각하네	詩思澄江憶謝暉

남암에서 이 석사【인관】와 얘기하다

南菴與李碩士【仁觀】同話

구름에 걸린 돌길은 참으로 높기만　懸雲石逕正迢迢
석장으로 올라 보니 하늘이 가깝구나　携錫登臨近九霄
깊은 산 사월에도 봄은 아직 남았고　深山四月春猶在
고찰은 천 년에도 불도가 그대로라　古寺千年道不消
가지에 다람쥐 달리니 솔방울 떨어지고　巖鼠走梢松子落
풀 섶에서 꿩이 울자 사냥꾼이 으쓱하네　野鷄鳴草獵夫驕
숲의 꽃잎으로 밥 짓고 꽃 얘기 나누니　林花煮食仍花語
서산에 지는 해도 아랑곳 않는다네　莫怕西岑日欲宵

넝쿨 잡고 안개 헤치며 높이 오르니　攀藤披霧上迢迢
천 길 연꽃이 붉은 하늘에 꽂혔구나　千丈芙蓉揷絳霄
기특한 볼거리는 높은 곳에 있나니　始覺奇觀高處在
온갖 생각이 고요한 가운데 사라진다　旋將萬念靜中消
성긴 솔의 비파 소리 그윽한 새 화답하고　疎松奏瑟幽禽和
잎에 가린 바위엔 토끼가 교만하다　密葉藏巖老兎驕
뚜렷한 풍광이 눈앞에 남았으니　歷歷風光留在眼
산 누각 붉은 촛불에 밤을 잊었노라　山樓紅燭便忘宵

【이 석사(右李碩士)】

복주를 지나다 낙원 이 상사와 함께 읊다
過福州與洛園李上舍共賦

눈앞의 맑은 모래 십 리를 뻗었는데	望裏晴沙十里平
천천히 석장 날려 먼 성을 지난다	徐飛雲錫過遙城
물가 연꽃은 이슬 젖어 꽃 마음이 청정하고	汀荷浥露花心淨
언덕의 나무는 바람 맞아 잎 소리 맑구나	岸樹吟風葉語淸
누각의 성곽은 이제는 도호부이나	樓郭即今都護府
강산은 일찍이 좌감영[107]이 있던 곳	江山曾是左監營
한스럽다 영호루가 남아 있지 않으니	但恨映湖樓不在
행인은 시내 보며 얼마나 상심했던가	行人臨水幾傷情

서강시축【서문 첨부】
西江詩軸【并序】

경진년(1820, 순조 20) 여름에 강남의 조운선漕運船이 탈 없이 한강에 도착하여 검사를 마치고 나서 배를 강에 띄워 놓고 여러 학사學士들과 함께 종일 흐름을 따라가면서 술과 바둑 그리고 물고기를 보면서 즐거워하였다. 그때 호남의 심칠지沈七之가 시권詩卷을 지니고 와서 만났고, 황정黃庭 이두신李斗臣은 하양河陽으로 떠나려던 참이었으니, 푸른 물결 어조魚鳥 사이에 맞이하고 보내는 회포가 있었다. 그러다 문득 흰 납의를 입은 스님 한 분이 배를 저어 우리를 방문한 것을 보게 되었는데, 물가에 닿아 자세히 살펴보니 바로 영남의 정훈正訓 상인上人이었다. 그는 금강산으로 가는 길이라며 우리에게 송별 시를 청하였다. 이 모임은 미리 약속하지 않았는데도 조정과 산림의 선비들이 모두 모였으니 기술하지 않을 수가 없다. 박옹泊翁은 시벽詩癖이 있어 모임을 맞아 매우 기뻐하였고 나이 또한 가장 많으므로 마땅히 첫머리에 둔다.

연천淵泉

庚辰維夏。江南漕船無恙。達于河檢省訖。委舟中江與諸學士。盡日沿洄。飲酒圍棋。又觀漁以爲樂。時湖南沈七之。挈詩卷來相見。黃庭李斗臣。將適河陽。滄波魚鳥間。自有迎送之懷。忽見一皓衲。刺舟訪余于渚次諦視之。乃嶺外訓上人。將入金剛。要余以送行詩。是會也。皆未始有期。而廊廟山澤之士備焉。不可以無述。泊翁癖於詩者。當筵叫喜。年又最高。宜首題。　淵泉。

만경창파 맑은 물에 매끄럽게 가는 배　　琉璃萬頃滑行舟
한 줄기 붉은 노을 저녁 모래톱 흩어지네　　一抹彤霞散夕洲
천 리 길 파도에 돛단배는 바다를 가르고　　千里風濤橫海帆

백 년 된 꽃나무는 산 누각을 둘렀네　　百年花木擁山樓
늦봄에 송별하며 꾀꼬리 소리를 듣고　　春餘送別聽黃鳥
늘그막에 유람하며 흰 갈매기 보노라　　老去浮休見白鷗
시승과 문인이 한자리에 함께하여　　韻釋詞人同一席
단지 가득 봄 술로 그대 위해 머문다　　滿壺春酒爲君留

박옹泊翁

바람에 깃발 펄럭이는 남녘 배에 모여　　風旗獵獵會南舟
뜻 따라 방초 우거진 물가를 따라가네　　隨意沿緣芳草洲
넓은 하늘 창파에 먼 달이 더디고　　天曠滄波遲遠月
깊은 밤 등불 빛에 누각 하나 보이네　　夜深燈火見孤樓
산승의 시운은 차가운 지팡이에 들고　　山僧韻入冷冷策
해객의 시는 물 위의 갈매기가 따르네　　海客詩隨泛泛鷗
어부와 사공의 노래가 세속을 일깨우니　　漁唱棹歌俱砭俗
배 가득 별빛과 이슬에 머무를 만하구나　　滿船星露可淹留

연천淵泉

호부 상서께서 먼 배를 바라보니　　戶部尙書觀遠舟
잔잔한 바다 방초 모래톱에 나아가네　　無風大海遂芳洲
온갖 짐 가득히 강을 따라오는데　　萬包盈溢江來世
노들은 높이 솟아 하늘은 누각인 듯　　百棹崢嶸天似樓
낙락한 고승은 학처럼 돌아가고　　落落孤僧歸老鶴
소소한 원객은 갈매기처럼 내려가네　　蕭蕭遠客下輕鷗
성조의 학사는 경륜의 책임 있으니　　聖朝學士經綸責
광음을 아끼며 봄 강물에 머문다　　爲惜光陰春水留

홍교汞橋

검조관[108] 아래 비로소 배에 오르니 檢漕舘下初登舟
줄지은 돛단배 숲처럼 저녁 모래톱 둘렀다 列帆如林擁晩洲
산 밖 안개에 먼 성곽이 아련하고 山外烟光迷遠郭
술 단지의 달빛에 높은 누각 마주한다 樽前月色對高樓
새 시로 길손 보내니 학을 따라가겠고 新詩送客應隨鶴
고요한 뜻으로 스님 보니 갈매기 벗인 듯 靜意看僧似狎鷗
애석하다 내 강가의 계책[109] 여전하건만 惜我未衰江上計
세월은 흐르는 물처럼 머물지 않는구나 歲華流水不曾留

희곡希谷

흐르는 배에서 시 읊으며 손님 보내니 送客吟詩水上舟
버들에 안개 그쳐 긴 모래톱 굽어본다 斷烟垂柳俯長洲
하늘 구름은 밝은 바위 위로 흘러가고 天雲浩蕩瀅瀅石
강가의 달은 누각을 뚜렷이 비춘다 汀月虛明歷歷樓
명산에 인연 있어 먼 길 가는 스님 名岳有緣歸遠衲
잔잔한 물결 위로 내려앉는 갈매기 平波底性下輕鷗
책상의 티끌도 밤 강의 깨끗함에 사라져 床塵欲歇江宵淨
지부[110]의 풍류로 잠시 머무름 허여한다 地部風流許暫留

석애石厓

나무와 쌀 어염 실은 배 즐비한데 柴米魚鹽百種舟
마음은 멀리 푸른 버들 모래톱에 遐情偏屬綠楊洲
조정과 산림의 고운 손님 몇인가 廟堂山澤幾嘉客
청풍명월 강호엔 명승 누각도 많구나 風月江湖多勝樓
천 리 길 송별하며 말을 매어 두는데 千里送人初繫馬
백 년 인생 병도 많아 갈매기와 벗 하고자 百年多病欲盟鷗

상서는 맑은 밤의 흥취가 적지 않아　　尙書不淺淸宵興
젊은이여 우리의 머무름 마다하지 마소　　年少寧辭我輩留

운석雲石

지는 해에 멀리 떠 있는 호수 위의 배　　落日迢迢湖上舟
이별의 한과 시름에 물가도 어둡구나　　離愁別恨暗汀洲
뜬구름은 어인 뜻으로 방초와 연이었나　　浮雲何意連芳草
높은 바위는 무단히 화루 위로 솟았네　　危石無端出畵樓
숙세의 인연으로 노승과 함께 기쁜데　　已喜宿緣參老釋
만년의 교분은 갈매기 저버려 부끄럽네　　還慚晩契負寒鷗
상서의 봄 술이 민수[111]처럼 하얀데　　尙書春酒如澠白
나그네는 말을 묶고 달빛 아래 머문다　　爲縶征駒月下留

황정黃庭

주렴과 깃발에 바람 고요해 배를 띄우니　　風澹簾旌試放舟
고기잡이 그물이 어느새 모래톱 모였다　　已看漁網集沙洲
작은 등 돛단배에 멀리 지나가는 피리 소리　　細燈帆認遙過笛
언덕을 스치는 문미는 옛날에 알던 누각　　迅岸楣欣舊識樓
해진 납의 기이한 스님 만나 시를 얘기하고　　懸衲話詩逢異釋
노 저으며 술 전하니 한가한 갈매기 깨운다　　盪橈傳酒起閒鷗
먼 물결은 달빛을 머금어 반짝이는데　　鱗鱗遠水方含月
떠나가는 나그네 있어 잠시 머무른다　　戛有離人爲少留

이운怡雲

낭관의 봄 술을 가벼운 배에 실으니　　郎官春酒載輕舟
방초는 무성하여 먼 모래톱 덮었네　　芳草萋萋覆遠洲

흰 납의 시를 지녀 결사하니 기쁘고 白衲携詩欣結社
동장[112]은 손님 보내려 슬피 누각 오르네 銅章送客悵登樓
수면을 돌아보니 비익[113]이 나란한데 看回水面齊飛鷁
떠 있는 갈매기에 속된 마음 사라지네 了却塵心一泛鷗
쉼 없는 장강에 한없는 달빛을 不盡長江無限月
그대 위해 노래하며 밤 깊도록 머무네 爲君賞詠夜深留

창빈滄濱

군자의 경륜은 세상을 구제하는 배 君子經綸濟世舟
은택이 마른 풀에도 미쳐 푸른 물가 澤流枯草綠盈洲
호서의 집에는 고향의 솔과 국화 故園松菊湖西宅
강가의 누각엔 밝은 달 아래 시와 술 明月詩樽江上樓
모였다 흩어지는 구름 속에 늙은 중 만나 聚散浮雲逢老釋
부침하는 유수에 모래톱 갈매기 의탁한다 升沉流水付沙鷗
이번 유람은 금강산으로 향하는 길 此行轉向金剛路
아름다운 시를 구하려 종일 머무른다 爲乞璚章盡日留

징월澄月

징월 상인을 송별하다

贐澄月上人

어디선가 백납의 스님 가벼운 배를 띄워	何來白衲漾輕舟
문득 두약[114] 모래톱에서 만났네	忽謾相逢杜若洲
밝은 달은 일찍 여수각과 같은데	明月曾同如水閣
오늘 밤 다시 읍청루를 마주하네	今宵重對挹淸樓
의연히 꿈결에 지나는 학인 듯	依然夢過翩蹮鶴
호탕한 갈매기 뉘라서 길들이랴	誰復籠馴浩蕩鷗
기달산[115]에 떨기 계수 시들어 가니	怳怛山中叢桂老
하늘 바람에 석장 날아 머물리라	天風飛錫可淹留

연천淵泉

강가 배에서 고승을 해후하니	邂逅高僧江上舟
천 리 먼 길 영주를 찾아간다네	自言千里訪瀛洲
나도 일찍 지팡이로 비로봉 올라	吾曾杖策毘盧岾
헐성루에 이름 석 자 썼다네	尙有題名歇惺樓
예부터 산중에 불상만 남았거니	自古山中遺佛像
뉘라서 이제 바닷가 갈매기 좇으랴	誰今海上逐仙鷗
이번 행각에 진여의 세계 깨치리니	此行可悟眞如界
선계에 주석해 오래도록 머물리라	爲鎭靈區肯久留

희곡希谷

백납의 스님 표연히 재상의 배에 올라	白衲飄然宰相舟
깊은 밤 달 밝은 모래톱에 시를 논하네	夜深詩話月明洲
낡은 발우와 석장으로 바위에 걸터앉고	病盂飛錫蹲時石

흐르는 물과 뜬구름 속 누각에 앉았네　　流水浮雲坐處樓
만고에 솟은 산 코끼리를 뒤집은 듯　　古卓何山翻置象
항하사처럼 많은 유적에 찾아드는 갈매기　　恒沙陳跡適來鷗
금강산에 나 또한 단풍의 기약 있나니　　金剛我有丹楓約
티끌 세상 흐름 세차 머물려 하지 않네　　塵世滔滔不許留

홍교汞橋

열반의 세계 유희하니 빈 배와 같고　　涅槃飛錫等虛舟
각해는 망망하여 끝이 보이지 않네　　覺海茫茫不見洲
군자의 교유 맑게 하여 바른 자리에 서고　　君子澄交須立地
산인은 세상 깨쳐 함께 누각 오르네　　山人悟世共登樓
마음은 패엽 의지해 고목과 같고　　心依貝葉同枯木
몸은 구름 되어 갈매기와 같구나　　身化曇雲似洞鷗
형상 밖에 인연 있어 말씀도 공적하니　　相外有因空寂語
신선 세계 어느 곳이 머무를 만할까　　靈區何處可淹留

석애石厓

【박옹泊翁은 옹인甕人 이명오李明五[116]이고, 연천淵泉은 상서尚書 김이양金履陽이다. 홍교汞橋는 상사上舍 심두영沈斗永[117]이고, 희곡希谷은 지신知申 이지연李止淵이다. 석애石厓는 승선承宣 조만영趙萬永[118]이고, 운석雲石은 문학文學 조인영趙寅永[119]이다. 황정黃庭은 지현知縣 이태승李台升이고, 이운怡雲은 거인擧人 이재경李在絅이다. 창빈滄濱은 지현知縣 김이회金履會이다.
모인 사람은 모두 9인이다. 시를 완성하자 징월澄月 스님이 지니고 떠났으니, 징월은 영남의 명승이다.
(泊翁甕人李明五。淵泉尚書金履陽。汞橋上舍沈斗永。希谷知申李止淵。石厓承宣趙萬永。雲石文學趙寅永。黃庭知縣李台升。怡雲擧人李在絅。滄濱知縣金履會。會者。凡

九人。詩成。澄月携歸。澄月卽嶠南名僧也。)】

『징월대사시집』 제2권

澄月大師詩集 卷之二

1 김희순金羲淳(1757~1821) : 조선 후기의 문신으로 자는 태초太初, 호는 산목山木·경원景源이다. 1783년(정조 7)에 생원이 되고, 1789년 식년문과에 갑과로 급제하여 외직과 내직을 두루 거쳤다. 어릴 때부터 문사에 능하였으며 경술經術에 조예가 깊었다. 시호는 문간文簡이다. 1803년에 영남 안찰사를 지낸 것으로 보아 이 시는 그 무렵에 지은 것으로 추측된다.

2 가도賈島(779~843) : 중당中唐 때의 시인으로 자字는 낭선浪仙이다. 일찍 출가해 승려가 되어 법명을 무본無本이라 하였지만 한유를 만난 후 환속하였다. 당시 사람들이 "맹교는 차갑고 가도는 파리하다.(郊寒島瘦.)"라고 평한 것처럼 풍족한 정서는 결핍되어 있지만, 서정적인 시는 매우 세련되어 세세한 부분까지 잘 묘사되어 있다. 한 자 한 구도 소홀히 하지 않고 고음苦吟하여 쌓아 올리는 시풍이었다.

3 동홍冬烘 : 견식이 오활하고 천루한 선생이나 시관試官을 가리키는 말이다. 여기서는 자신의 겸사로 쓰였다. 당唐나라 때 정훈鄭薰이 고시考試를 주관했을 적에 안표顔標를 안진경顔眞卿의 후손으로 잘못 알고 그를 장원狀元으로 뽑자, 한 무명씨無名氏가 이를 풍자해 "주사의 머리가 너무도 흐리멍덩해 안표를 노공의 후손으로 잘못 알았네.(主司頭腦太冬烘。錯認顔標作魯公。)"라고 한 데서 유래하였다.

4 조양각朝陽閣 : 영천 남천南川을 굽어보는 언덕에 자리한 누각으로 고려 말 영천부사를 지낸 이용이 지었다고 한다. 포은 정몽주 선생을 위시하여 수많은 시인 묵객들의 탐방 장소로 유명했다.

5 조개皀蓋 : 고을 수령의 수레를 가리킨다.

6 애일愛日 : 시일을 아낀다는 뜻으로, 부모를 섬길 수 있는 날이 적음을 안타까워하여 하루라도 더 정성껏 봉양하려고 노력하는 효성을 이르는 말이다.

7 고당高堂 : 부모님이 계시는 곳이다.

8 맹교孟郊(751~814) : 중국 중당中唐 때 시인으로 자는 동야東野, 시호諡號는 정요선생貞曜先生이다. 한유韓愈의 복고주의復古主義에 동조해 작품도 악부樂府나 고시古詩가 많았는데, 고풍古風 속에 예리하고 창의적인 감정과 사상이 담겨 있다. 북송北宋 강서파江西派에 영향을 끼쳤다. 주요 저서로 『孟東野詩集』 10권이 있다.

9 안연顔淵 : 안회顔回(B.C. 521~B.C. 490)는 중국 춘추시대 노魯나라의 현인으로 자는 연淵이다. 공자孔子가 가장 신임하였던 제자이며, 공자보다 30세 적었으나 공자보다 먼저 죽었다. 학문과 덕이 특히 높아 공자도 그를 가리켜 학문을 좋아하는 사람이라고 칭송하였고, 또 가난한 생활을 이겨내며 도道를 즐기는 것을 칭찬하였다.

10 금사金沙 : 금빛 모래가 가득한 연못, 즉 정토淨土를 의미한다.

11 지자智者 : 중국 수隋나라 스님으로 천태종의 개조開祖인 천태대사 지의智顗(538~597)의 시호이다.

12 혜공惠公 : 동진東晉 때 백련사를 주도했던 혜원惠遠을 가리킨다.

13 홍제존자弘濟尊者 : 조선 중기 승려 유정惟政(1544~1610)의 시호다. 속성은 임任씨, 속명은 응규應奎, 자는 이환離幻, 호는 사명당泗溟堂·송운松雲·종봉鍾峯, 시호는 자통홍제존자慈通弘濟尊者이다. 임진왜란 때 승병을 모집하여 휴정의 휘하에서 왜군과

싸웠다. 평양을 수복하고 도원수 권율과 의령에서 왜군을 격파하였으며, 정유재란 때 울산의 도산과 순천 예교에서 전공을 세웠다. 1604년 일본으로 건너가 강화를 맺고 조선인 포로 3천여 명을 인솔하여 귀국했다.

14 유악帷幄의 운주運籌 : 한나라 고조高祖의 참모 장량張良은 직접 전투에 참가하지 않고 유악(군대의 막사)에서 운주(작전을 세움)하여 큰 공을 세웠다. 홍제존자는 그보다 뛰어나다는 뜻이다.

15 우군右軍 : 왕희지王羲之(307~365)를 말한다. 우군장군右軍將軍의 벼슬을 하였으므로 세상 사람들이 왕우군王右軍이라 불렀다. 중국 동진東晉의 서예가로, 서성書聖으로 존경받고 있다. 해서·행서·초서의 각 서체를 완성하여 예술의 경지로 이끌었다.

16 유의留衣 :당唐나라 한유韓愈가 태전太顚 스님과 작별하면서 옷을 벗어 남겨 두어 이별의 정을 표한 고사가 있다.

17 만경曼卿 : 시승 비연秘演과 막역했던 석연년石延年의 자字이다.

18 현산峴山 : 경북 예천의 지명이다.

19 율리栗里의 정운시停雲詩를 읊으며 : 친구를 그리워한다는 뜻이다. 율리는 도연명의 고향이다. 도연명의 〈停雲〉이란 시에 "짙은 구름 머물러 부슬부슬 비가 내린다. 온 누리 다 어둡고 평탄한 길도 막혔네. 조용히 동쪽 창에 기대어 봄 술을 홀로 마시네. 좋은 벗 멀리 떨어져 있어 머리를 긁으며 우두커니 기다린다.(靄靄停雲。濛濛時雨。八表同昏。平路伊阻。靜寄東軒。春醪獨撫。良朋悠邈。搔首延佇。)"라는 구절이 있다.

20 향산香山의 모임 : 향산은 하남성河南省 낙양洛陽 동쪽에 있는 산으로 당唐나라의 시인 백거이白居易가 여러 원로들과 함께 모임을 만들어 유유자적하던 곳이다.

21 사조謝朓(454~499) : 중국 육조六朝시대 제齊나라의 시인이다. 자는 현휘玄暉. 하남성河南省 진군陳郡 양하陽夏 사람으로 선성 태수宣城太守를 지냈으므로 사선성謝宣城이라고도 일컬어진다. 송나라의 사령운謝靈運을 대사大謝, 그를 소사小謝라 하며, 사령운·사혜련謝惠連과 그를 합쳐 삼사三謝라고 한다. 제나라의 영명永明 연간(483~493)에 경릉왕竟陵王 자량子良은 많은 문학사文學士를 두었는데, 그도 왕융王融·심약沈約·소연蕭衍 등과 함께 자량의 저택에 드나들었다. 오언체五言體에 능하고 사경寫景에 묘하였으며 청신淸新한 기풍이 풍부하였다.

22 태사太史 : 사마천司馬遷(B.C. 145~B.C. 86)을 말한다. 자는 자장子長이고, 부친은 사마담司馬談이다. 사마천은 젊어서 천하를 유람하였고, 그 후에 문장이 크게 진보하였다고 한다. 무제武帝의 태사령이 되어 B.C. 91년『史記』를 완성하였다. 중국 최고의 역사가로 칭송된다.

23 황금대黃金臺 : 전국시대에 제齊나라의 침략을 받았던 연燕나라 소왕昭王이 복수를 위해 곽외郭隗의 말을 듣고 황금대黃金臺를 건축하여 겸손한 말과 후한 폐백으로 어진 이를 초청하였다. 이에 제나라에서 추연鄒衍이 찾아오고, 위나라에서 악의樂毅가 찾아오고, 조나라에서 극신劇辛이 찾아와 연나라가 크게 강성하였다.

24 역수易水 : 형가荊軻가 연燕나라 서울 저잣거리에서 개백정과 축筑의 명인인 고점리高漸離와 더불어 고성방가高聲放歌하며 방약무인傍若無人하게 노닐다가, 연나라 태자 단丹의 요청으로 진시황秦始皇을 죽이기 위해 출발할 즈음에 역수 가에서 노래하였다. "바람은 쓸쓸하고 역수는 차구나, 대장부 한번 떠나면 다시 오지 않으리.(風蕭蕭兮易水寒。壯士一去兮不復還。)"『史記』「刺客列傳」.

25 좌해左海의 의관은 여전히 한나라인데 : 좌해는 우리나라를 말한다. 우리나라의 문물은 중화의 전통을 지키고 있다는 뜻이다.

26 중화의 일월은 주나라가 아니로다 : 중국은 오랑캐인 여진족이 세운 청나라에 지배되고 있다는 뜻이다.

27 구도狗屠의 벗 : 형가荊軻와 어울려 비분강개하였던 개백정처럼 재야에 숨어 사는 호걸을 말한다.

28 시례詩禮 : 가정 교육 또는 가학家學을 뜻한다. 공자의 아들 이鯉가 뜰에서 공자 앞을 빠른 걸음으로 지나다가 공자로부터 시詩와 예禮를 배웠느냐는 질문을 받고 또 그것을 왜 배워야 하는지에 대해 듣고서 물러나 시와 예를 배웠던 일에서 유래한 말이다. 『論語』「季氏」.

29 섬중剡中 : 섬계剡溪. 중국 절강성浙江省에 있는 조아강曹娥江의 상류로 경치가 아름답기로 유명하다.

30 동오東吳 : 원래 양자강 이남 지역을 말하는 표현이다. 우리나라의 어느 지역을 말하는 것인지는 명확지 않다.

31 맥추麥秋 : 보리가 익어 수확할 무렵을 말한다.

32 모군茅君의 연단법鍊丹法 : 모군은 옛 중국 신선 이름이고 연단법은 불로장생법을 말한다.

33 환각幻殼 : 무상한 육신을 말한다.

34 갈홍葛洪(283~343) : 자는 치천稚川, 호는 포박자抱朴子이다. 종조부從祖父인 갈현葛玄의 제자 정은鄭隱에게 선도仙道를 배웠고, 석빙石氷의 난(303) 때 공을 세워 관내후關內侯가 되었다. 교지구루交趾句漏(베트남 북방 경계)의 수령 자리를 지원하여 임지로 부임하던 중 나부산羅浮山에 들어가 저술과 연단에 전념하였다. 저서로 『抱朴子』·『神仙傳』 등이 있다.

35 사현휘謝玄暉의 시 : 사조謝朓의 시 〈晩登三山還望京邑〉에 "남은 노을 흩어져 비단 같고 맑은 강물은 가는 비단 같구나.(餘霞散成綺。澄江靜如練。)"라는 구절이 있다.

36 하돈河豚 : 복어鰒魚의 이칭異稱이다.

37 목두木頭 : 채소 이름인 듯하다.

38 당발棠茇 : 감당甘棠과 같은 뜻이다.

39 시채詩債를 남기고 : 상대방의 시에 화답하지 못해 빚을 졌다는 뜻이다.

40 상승上乘 : 불법의 깊은 이치를 뜻한다.

41 기둥에 글 쓰던 손 : 한漢나라의 문인 사마상여司馬相如가 처음 장안長安에 갈 때 촉도蜀都인 성도成都의 승선교升仙橋를 지나면서 그 기둥에 "대관大官이 되어 으리으리한 수레를 타지 않고서는 이 다리를 다시 건너지 않겠다.(不乘駟馬高車。不復過此橋。)"라고 썼던 고사가 있다. 『史記』「司馬相如列傳」.

42 근심 나누는~남쪽이라 적고 : 분우分憂는 임금의 근심을 나눠 갖는다는 뜻으로, 목민관의 직책을 가리킨다. 여기서는 정사를 행하는 것을 백성들이 느끼지 못하는 것처럼 좋은 정치를 행한다는 말이다.

43 선정의 노랫소리(來暮歌謠) : 후한 시대의 염범廉范이 촉군 태수蜀郡太守가 되어 선정을 베풀자 백성들이 "염숙도여, 어찌 이리 늦게 왔나.(廉叔度。來何暮。)" 하고 노래하며 칭송하였다. 숙도는 염범의 자字이다.

44 오사烏紗와 백책白幘 : 은자隱者들이 쓰는 두건을 말한다.
45 석자石子 : 송나라의 시승 비연秘演과 교유했던 석연년石延年을 말한다.
46 여만如滿 : 중국 당나라의 시인 백거이와 교유하였던 스님이다.
47 유 공庾公 : 진晉나라 유량庾亮이 무창武昌을 다스릴 때, 어느 달 밝은 밤 부하 관원들이 남루南樓에서 베푼 주연酒宴에 함께 참석하여 격의 없이 유쾌하게 노닐었던 고사가 있다.『世說新語』「容止」.
48 선서善逝 : 여래십호의 하나로 S sugata의 의역이다. 열반으로 잘 가셔서 생사의 언덕으로 돌아오지 않는 분이라는 뜻이다.
49 기수祇樹 : 기원정사祇園精舍를 말한다.
50 행단杏壇 : 공자孔子가 살구나무 아래서 제자를 가르치던 곳이다. 곧 학교를 말한다.
51 주문朱門 : 옛날 높은 벼슬아치는 대문에 붉은 칠을 하였다.
52 용문龍門에 오른 손님 : 뛰어난 인재, 과거에 급제한 자를 말한다. 황하의 용문이라는 곳에 삼단폭포가 있는데 해마다 봄이면 잉어가 거슬러 오르다가 이 폭포를 뛰어오르면 용이 된다고 한다.
53 백옥白屋 : 가난한 집을 말한다.
54 새옹(失馬翁) : 세상의 이해를 초월한 늙은이라는 뜻이다. 북방에 늙은이(塞翁)가 살았는데 하루는 그가 기르던 말이 도망쳤다. 마을 사람들이 위로하자 늙은이는 "이것이 또 무슨 복이 될는지 알겠소." 하고 낙심하지 않았다. 몇 달 후 도망갔던 말이 좋은 말들을 끌고 돌아오자 마을 사람들이 축하하였다. 그러자 그 늙은이는 조금도 기뻐하지 않았다. 얼마 후에 아들이 말을 타다가 떨어져 다리가 부러졌다. 마을 사람들이 위로하자 늙은이는 "그것이 혹시 복이 될는지 누가 알겠소." 하고 태연한 표정이었다. 1년이 지난 후 오랑캐들이 쳐들어와서 장정들은 모두 싸움터에 나가 전사하였는데 늙은이의 아들만은 다리가 온전하지 않아서 무사할 수 있었다고 한다.
55 화주에서 생계~왜 가난한지 : 천 석사의 직업이 화원畵員이었던 것으로 추측된다.
56 유자庾子 : 부하 관원들과 격의 없이 어울렸던 유량庾亮을 가리킨다.
57 낭선浪仙 : 당唐나라 시인 가도賈島의 자이다.
58 율리栗里엔 예부터~길 통하여 : 율리는 진晉나라 시인 도연명陶淵明의 고향이다. 도연명은 솔과 대나무 사이에 친구들이 오가도록 오솔길을 만들었다고 한다.
59 황금이 다하자 : 전국시대 종횡가縱橫家인 소진蘇秦이 진秦나라 혜왕惠王에게 유세遊說하면서 황금 일백 금을 다 써 버리고 고향에 돌아오자 가족들이 천대하였다. 나중에 그가 육국六國의 재상 인장을 차고 고향에 돌아오자, 예전에 멸시하며 박대했던 형수가 땅에 엎드려 감히 쳐다보지도 못했다. 이에 소진이 웃으면서 그 이유를 묻자 "도련님의 지위가 높고 돈이 많은 것을 보았기 때문입니다.(見季子位高金多也。)"라고 대답했던 고사가 있다.『史記』「蘇秦列傳」.
60 난주蘭舟: 아름답게 꾸민 배.
61 신교神交 : 마음으로 사귐. 스님과 사대부의 정신적인 교유를 말한다.
62 서청西淸 : 대궐 안의 별실別室로서 한림학사翰林學士가 출근하던 곳을 말한다.
63 남기南紀 : 남쪽 지방을 가리킨다.『詩經』「小雅」〈四月〉에 "넘실대는 장강과 한수는 남국의 기강이로다.(滔滔江漢。南國之紀。)"라는 구절이 있다.
64 예원랑藝園郞 : 예원은 문인文人들이 모이는 시회詩會를 말한다. 시를 읊는 풍류객을

미화한 표현이다.

65 기전箕躔 : 별자리인 기미성箕尾星을 말한다. 조정 대신大臣의 죽음을 말할 때 쓰는 표현이다. 은殷 고종高宗의 재상이었던 부열傅說이 죽어서 하늘로 올라가 기미성에 올라탔다는 전설에서 유래한 것이다. 『莊子』「大宗師」.

66 마을 길엔~소리 그쳤는데 : 상저가相杵歌는 방아를 찧으며 부르는 노래다. 윤 판서의 죽음을 슬퍼해 백성들이 노래를 그쳤다는 뜻이다.

67 귀소龜韶 : 귀주와 소주이다.

68 죽반승粥飯僧 : 죽과 밥이나 낭비하는 쓸모없는 중이라는 뜻이다.

69 아양啞羊 : 벙어리 양이라는 뜻으로 어리석은 중을 가리킨다.

70 노능盧能 : 육조 혜능의 속성俗姓이 노盧씨이다.

71 징각澄閣 : 관찰사의 공관公館을 가리킨다. 후한後漢 범방范滂이 기주 자사冀州刺史로 나갈 적에, "수레에 올라 고삐를 잡고서는 천하를 정화할 뜻을 개연히 품었다.(登車攬轡。慨然有澄淸天下之志。)"라는 고사에서 나온 것으로, 지방 장관으로 부임할 때, 혹은 난세에 혁신 정치를 행하여 백성을 안정시키겠다는 의지를 비유한다. 『後漢書』 권67「黨錮列傳 · 范滂」.

72 당헌棠軒 : 관찰사의 공관이다.

73 홍균洪勻의 큰 기운 : 만물을 생성하는 천지의 큰 기운을 뜻한다.

74 명성明星 : 명성은 오늘날의 샛별인 금성을 말한다. 부처님께서 새벽에 샛별을 보고 깨쳤다고 한다.

75 산신의 안개로~정자를 감췄으리 : 남조南朝 시대 제齊의 공치규孔稚珪가 지은「北山移文」에, 주옹周顒이라는 사람이 은사隱士 흉내를 내며 산속에서 살다가 세상의 부귀영화에 눈이 멀어 산을 떠나자 산신령이 격분하여 격문(移文)을 돌려 다시는 산에 발을 들이지 못하게 했다는 이야기가 나온다.

76 나루터의 뗏목 : 피안彼岸으로 건너는 부처님의 법을 뜻한다. 한유韓愈의 〈送文暢師北遊詩〉에 "상자 속의 보배를 열어 스스로 나루의 뗏목을 얻으리라.(開張篋中寶。自可得津筏。)"라고 하였다.

77 치첩雉堞 : 성 위에 낮게 쌓은 담을 말한다.

78 운니雲泥가 화합하고 : 하늘의 구름과 땅의 진흙처럼 지위의 현격한 차이에도 불구하고 막역하게 어울렸다는 뜻이다.

79 당헌棠軒의 계극棨戟 : 관찰사의 공관에 세워져 있는 의장용儀仗用 창을 말한다.

80 관찰사(澄閣) : 주 71 참조.

81 진편秦鞭 : 진시황秦始皇이 바다를 건너 해 돋는 곳을 보고 싶어 돌다리를 놓으려고 하자 신인神人이 나타나 바다로 돌을 내몰았고 돌들이 저절로 바다로 달려갔다. 돌이 빨리 가지 않아 신인이 돌을 채찍질하자 돌에서 피가 흘렀다는 말이 있다. 『藝文類聚』.

82 우부禹斧 : 우禹임금이 천하의 하천河川을 개척할 때 용문산龍門山을 도끼로 끊었다고 하여 우착禹鑿이라고도 한다. 또 빼어난 솜씨의 뜻으로도 쓰인다. 『淮南子』.

83 광려산匡廬山 : 중국 여산廬山의 별칭이다. 천하를 주유하던 이태백李太白이 이곳에 들러 자연의 경관을 즐기며 시를 지었다.

84 안탕산鴈蕩山 : 절강성浙江省 동남쪽에 있는 산으로 남안탕산과 북안탕산의 두 산으로 이루어져 있는데 폭포와 절벽과 기이한 봉우리가 많기로 유명하다.

85 귀매鬼魅 : 귀신과 도깨비를 말한다.
86 무본無本 : 당나라 시인 가도賈島의 법명이다. 가도의 자字는 낭선浪仙, 호는 갈석산인碣石山人이다.
87 교연皎然 : 당대唐代의 고승으로 특히 시를 잘하여 명성이 높았다.
88 목하鶩霞 : 왕발王勃의 「滕王閣序」에 "저녁놀은 외로운 따오기와 가지런히 날고, 가을 강은 긴 하늘과 한 빛이로다.(落霞與孤鶩齊飛, 秋水共長天一色。)"라고 한 데서 온 말이다. 이 구절이 세상에 크게 회자되어 뛰어난 문장을 일컫는 말로 쓰였다.
89 총령蔥嶺 : 파미르고원을 말한다. 이곳을 통하여 많은 불법이 전래되었다. 파미르는 옛 페르시아말로 '미트라(태양)신의 자리'를 뜻한다.
90 임궁琳宮 : 절을 가리킨다.
91 상평向平 : 이름은 장長이고 자는 자평子平이다. 동한東漢 조가朝歌 사람으로 은거하고 벼슬하지 않았다. 건무建武 중에 자식들을 다 시집·장가보내고 나서는 집안일을 상관하지 않고 북해北海의 금경禽慶과 더불어 오악 명산에 노닐었다. 자녀의 혼사 일이 끝나면 상평의 소원을 이루었다고 말한다.
92 천 개 전대 무겁고 : 많은 풍경을 시로 읊어 전대에 담았다는 뜻이다.
93 현금玄琴 : 현묘한 불법의 이치를 거문고에 비유한 말이다.
94 마명馬鳴 : Ⓢ Asvaghoa의 의역이다. 초기 대승불교 학자로 불교를 소재로 한 산스크리트의 미문체 문학을 창작하여 인도 문학사상 불후의 업적을 남겼다. 저서로 『佛所行讚』·『孫陀利難陀詩』 등이 있다.
95 상하桑下 : '상하일숙지연桑下一宿之緣'의 준말. 뽕나무 밑에서 하룻밤을 지낸 인연. 잠시 동안 머무른다는 뜻이다.
96 두보杜甫(712~770) : 중국 당唐나라 때의 시인. 자는 자미子美. 호는 소릉少陵. 율시에 뛰어났으며, 긴밀하고 엄격한 구성, 사실적 묘사 수법 따위로 인간의 슬픔을 노래하였다. '시성詩聖'으로 불리며, 이백李白과 함께 중국의 최고 시인으로 꼽힌다. 작품에는 〈北征〉, 〈兵車行〉 등이 있다.
97 추성秋城 : 담양의 옛 이름이다.
98 사대四大 : 사람의 몸을 이루는 구성요소인 지수화풍地水火風을 말한다.
99 나각螺殼 : 산봉우리를 말한다.
100 진대鎭帶와 유의留衣 : 진대는 소동파가 옥띠를 풀어 산문에 남긴 일을 말하고, 유의는 한유가 태전 스님과 헤어질 때 옷을 선물한 일을 말한다.
101 계림桂林 : 은사隱士들이 세속을 피해 숨어 사는 곳을 말한다.
102 선계(無何) : 무하는 무하유지향無何有之鄕의 줄임말로 이상향을 말한다. 『莊子』「逍遙遊」.
103 상귀牀龜 : 은자隱者의 책상이나 와구臥具를 가리키는 말이다.
104 걸상 풀어 : 후한後漢의 남창 태수南昌太守 진번陳蕃이 그 고을의 높은 선비 서치徐穉를 특별히 우대하여 따로 걸상 하나를 걸어 두었다가 서치가 오면 혼자 앉게 하였다고 한다. 『後漢書』「徐穉列傳」.
105 참료參寥 : 소동파와 교유했던 스님 이름이다.
106 사현휘謝玄暉 : 남제南齊 때의 시인 사조謝朓로, 현휘는 그의 자字이다. 사조는 글씨를 잘 썼고 시를 잘 지었는데, 오언시를 특히 잘 지었으며 시가 청아하고 아름다웠다.

선성 태수宣城太守로 있으면서 많은 시를 지었으므로 흔히 사선성謝宣城이라고도 칭해진다.『南齊書』권47「謝朓列傳」.

107 좌감영左監營 : 조선 시대 중종中宗 때 경상도를 양분하여 그 왼쪽 지역에 속하는 여러 군을 통치하는 관찰사의 공관公館을 좌감영이라 하였다.

108 검조관檢漕館 : 조운선을 검사하는 관아이다.

109 강가의 계책 : 강가에서 은거하려는 뜻이다.

110 지부地部 : 조선 시대에 호조戶曹를 달리 이르던 말이다.

111 민수澠水 : 전국시대 제齊나라에 속했던 강 이름이다. 제후齊侯가 연회를 베풀고서 "민수처럼 술도 많고 산처럼 고기도 쌓였다.(有酒如澠。有肉如陵。)"라고 하였다.『春秋左傳』소공昭公 20년 조.

112 동장銅章 : 벼슬아치가 차는 인장이다.

113 비익飛鷁 : 배를 가리킨다. '익鷁'은 물새인데 배 앞부분에 이 새를 장식한다.

114 두약杜若 : 향기로운 풀 이름이다.

115 기달산怾怛山 : 금강산의 다른 이름이다.

116 이명오李明五(?~1836) : 조선 후기의 학자로 자는 사위士緯, 호는 박옹泊翁이며, 우념재雨念齋 봉환鳳煥의 아들이다. 어려서부터 아버지에게 시를 배워 시사詩史에 능하였고 사마시에 합격하였으나 경인옥사에 아버지가 옥사하였음을 원통히 생각하여 관직에 뜻을 두지 않았다. 순조 때 아버지가 신원伸寃되자 음관蔭官으로 세상에 나가 종사관從事官이 되어 일본에 내왕하였고, 벼슬은 3품에 이르렀다. 저서로 시문집『泊翁詩鈔』9권이 있다.

117 심두영沈斗永 : 생몰년은 자세하지 않으나 최눌最訥의 문인 전령展翎을 비롯한 노질盧質·이학전李學傳·김각金珏·이삼만李三萬·석의순釋意恂 등과 더불어 호남칠고붕湖南七高朋으로 불린 것으로 보아 시문에 뛰어났던 것으로 추측된다.

118 조만영趙萬永(1776~1846) : 조선 후기의 문신으로 자는 윤경胤卿, 호는 석애石厓다. 이조판서 진관鎭寬의 아들이며, 영의정 인영寅永의 형이다. 음보蔭補로 능원랑陵園郎을 지내다가 1813년(순조 13) 증광문과에 을과로 급제하였다. 1827년 이조판서로서 어영대장을 겸하면서 실력자로 부상하여 풍양 조씨 세도의 기초를 마련한 인물이다. 사후 영의정에 추증되었다.

119 조인영趙寅永(1782~1850) : 조선 후기의 문신으로 자는 희경羲卿, 호는 운석雲石이다. 이조판서 진관鎭寬의 아들이며, 국구國舅 만영萬永의 동생이다. 1819년(순조 19) 식년문과에 장원급제한 후 요직을 두루 거치며 형 만영과 함께 풍양 조씨 세도의 기반을 구축하였다. 1841년(헌종 7) 영의정이 되어 안동 김씨를 압도하고 풍양 조씨 세도를 확립하였으나 1846년 형이 죽자 실세失勢, 벼슬에서 물러났다.

징월대사시집 제3권

| 澄月大師詩集 卷之三 |

미타암 중수기

팔공산八公山은 영남의 명승지요, 은해사銀海寺는 영천군(永郡)의 명찰이다. 팔공산 한 지맥이 멀리서 뻗어 와 그윽한 곳에서 열리니 미타암이 있는 곳이다. 암자의 터는 그윽하면서도 궁벽지지 아니하고 평평하면서도 낮지 아니하여 산은 깊고 숲은 무성하며 샘은 달고 토지는 비옥하니 참으로 고요한 거처로 적당한 곳이다. 그러나 동남쪽으로 물병에 석장 짚고 구름처럼 새처럼 행각하는 자들이 거주할 암자가 없고 법우도 쇠퇴하고 무너져 햇볕을 쬐는 거북이 같은 지경에 이르렀다.

지연指演 장로는 도에 뜻을 둔 분으로 갑인년(1794)에 그 무리를 이끌고 무너진 것을 수리하여 거처하였다. 또 병자년(1816)에 다시 암자에 들어가 개연慨然히 대중에게 맹세하기를 "내가 이곳을 수리하지 않는다면 처음 창건한 화주의 공덕을 어찌하겠는가." 하고, 드디어 동지 정엽定曄과 함께 권선문을 들고 재물을 모아 수백 금을 얻었다. 무너진 법당과 요사채를 부축하고, 헐린 것을 이었으며, 썩은 곳은 바꾸어서, 수개월이 되지 않아 엄연히 가장 깨끗한 정사로 만들었다. 새 법궁이 우뚝 서고 새 불상이 빛나서, 많은 이로 하여금 우러러 공경케 하여 많은 복이 생겨나게 하였으니, 실로 삼생의 대선근大善根이라 하겠다. 이에 암자의 대중이 나에게 기문을 청하며 말하였다.

"이 사람이 아니었던들 암자는 토규兎葵[1]의 터가 되었을 것입니다. 이제 다행히 새롭게 하였으니 한마디 말을 주시어 훗날에 드리우기를 원합니다."

내가 말하였다.

"암자를 미타로 이름을 지었으니 자기 마음이 곧 미타요, 미타가 곧 자기 마음이다. 무릇 암자에 거주하는 이가 자기 마음을 닦고 미타를 찾는다면 지연 장로의 참된 원력의 은혜를 갚을 수 있을 것이니, 하필 공덕을 기록하여 자랑해야겠는가."

이를 기문으로 삼는다.

彌陀菴重修記

八公即嶺左之勝區。銀海即永郡之名刹也。八公一枝。逶迤而來。窈窕以開者。彌陀菴之所在也。菴之基。幽而不僻。平而不低。山湙木密。泉甘土肥。端宜靜居之所。而東南瓶錫之雲泛鳥過者。無鎮菴勢。法宇頹圮。幾至龜曝。有指演長老志於道者也。歲甲寅。率其徒修廢居之。又於丙子。再入菴。慨然誓于衆曰。吾不修茲。奈於初刱主之功何。遂與同志定畔。荷卷鳩財。得累百金。法寮之傾者扶之。缺者葺之。朽者易之。不數月。儼然作最精社。翼然乎新法宮。煥然乎新佛像。使百千瞻敬者。怳怳焉福生。信三生大善根也。於是菴衆。請余記曰。微斯人。菴其爲兎葵之場。而今幸賴而新之。願乞一言垂諸後。余曰菴以彌陀名。自心則彌陀。彌陀則自心也。凡居於菴者。修自心。覓彌陀。則庶報指演長老信願之恩。何必記功而誇張之耶。是爲記。

지장사 중수기

대저 명승지나 빼어난 골짜기에서 맑은 기운을 머무르게 하고 여러 스님들을 수용하는 것은 선궁禪宮이나 누관이다. 범관梵觀이 없으면 비루하고 범중梵衆이 없으면 속되다. 이 때문에 땅은 사람을 얻어서 드러나고 사람은 땅을 만나서 이름이 난다. 달성 북쪽 지장암은 옛날의 절이 암자로 바뀐 것인데, 중간에 쇠퇴하여 대웅전과 지장전 두 법전만 우뚝 홀로 남게 되었고, 스님들의 요사와 누관 행랑은 과반이 무너졌다. 무진년(1808, 순조 8) 봄에 나의 종백 기봉箕峯 장로가 복구하기를 맹세하여, 천여 금을 모연하고, 공인工人을 불러 일을 시작하였다. 요사채 여섯 칸과 전후의 퇴청退廳을 다시 지으니, 트이고 넓어서 볼만하였고, 염화실 한 칸을 엮어서 퇴청과 요사를 두르고, 옛 영각影閣 자리에 설선당說禪堂을 지었으며, 옛 향각香閣 자리에 진영각眞影閣과 봉향루奉香樓를 지었다. 무릇 기울어진 행랑과 요사를 바르게 하고, 새는 곳을 이었으며, 기타 여러 가지 황폐해진 것들을 곳곳마다 보수하였으니, 거의 절을 창건한 노고에 못지않았다. 정월 초에 일을 시작하여 단오일에 마쳤으니, 재물을 모아 출납한 자는 관성寬成이요, 훌륭하게 감독한 자는 양숙良淑이요, 몸을 잊고 도와서 이룬 자는 성암 도원聖巖道圓과 설악 경오雪岳瓊旿 두 스님이니, 모두 기봉의 뛰어난 제자이다.

신미년(1811, 순조 11) 봄에 나는 화현花縣[2]의 수도사修道社에 있었는데, 암자의 대중이 작은 쪽지에 이름을 이어 써서, 입승立繩 근청謹淸을 보내 나에게 기문을 구하여 말하였다.

"암자의 일을 마친 지가 오래되었으니, 마땅히 편미扁楣의 글이 있어야 합니다. 그러나 기봉 화상께서는 그 일을 서술하여 그 공로를 자랑하려고 하지 않습니다. 그러나 이 대가람을 이룬 공덕을 기록하지 않는다면 어찌 무궁한 후세에 잊지 않는다는 것을 나타낼 수 있겠습니까."

내가 말하였다.

"그렇다. 지장보살의 중생을 구제하는 자비가 본래 무주無住로부터 일어나 나날이 중생의 괴로움을 제도하되 스스로는 알지 못한다. 이제 기봉 장로가 애써 건립한 믿음도 또한 무주로부터 일어나서 날마다 수고롭게 일을 하되 스스로 알지 못하니, 성인과 범부가 비록 다르나 무주는 곧 하나다."

근청이 공손히 대답하고 돌아갔다. 이에 그 전말을 써서 송별하였다.

地藏寺重修記

夫名區絶壑之所以鎭淑氣容梵衆者。禪宮樓觀也。無梵觀則鄙。無梵衆則俗。故地得人而顯。人遇地而名焉。達之北地藏者。古之寺革爲菴。而中間衰廢。大雄地藏兩法殿。巋然獨存。僧寮樓廊。頹圮過半矣。歲戊辰春。吾宗伯箕峯長老。誓心復之。募得千餘金。邀工始役。改建體寮六間。前後退廳。敞豁可觀。搆拈花室一間。廳寮縈回焉。以舊影閣。搆說禪堂。以舊香閣。搆眞影閣及奉香樓。凡廊舍之傾者正之。漏者葺之。其他百廢。隨處隨補。盖非獨瓶社之勞也。董事於正初。告落於端陽。鳩財出納者。寬成也。幹監無倫者。良淑也。忘軀助揚者。聖巖道圓。雪岳瓊旿兩師。箕峯之高足也。辛未春。余在花之修道社。菴衆聯名折簡。送立繩謹淸。要余記曰。菴之告功也久矣。合有扁楣之文。而箕峯和尙。不欲叙其事而伐其勞。然成此大伽藍之功而不記。何以表不忘於無窮。余曰諾。地藏菩薩。拔濟羣有之慈。本自無住中起。日度生憔悴而不自知。今箕峯長老。憔勞建立之信。亦自無住中起。日服役喫苦而不自知。聖凡雖殊。無住則一也。淸唯唯告歸。於是乎。書其顚末以送之。

진불암 중수기

화현花縣 서쪽으로 수십 리쯤 팔공산 비로봉 아래의 진불암은 영남의 으뜸가는 선원으로 고려 국사이신 환암幻菴[3] 조사께서 창건하신 곳이다. 많은 세월을 거치면서 여러 번 병화를 입어 거친 풀만 우거진 폐허를 면치 못하자, 숭덕崇德 2년 정축년(1637, 인조 15)에 서도西都 사람 이응추李應秋가 그 처 상옥祥玉과 함께 중창하였다. 오늘날까지 수백 년 이르는 동안 정전正殿의 채색이 바래고 곁의 요사가 무너져서, 암자에 거주하는 무리가 간절히 중수하고자 하였는데, 이루지 못한 것이 오래되었다.

임신년(1812, 순조 12) 봄에 나는 수도사로부터 이곳으로 옮겨 거주하게 되었다. 이 해 가을 대중들에게 도모하여 말하기를 "이 암자를 중수하지 않으면 폐허가 될 게 뻔합니다. 그러니 다시 새롭게 고칩시다." 하고 드디어 취연就演, 계심戒心, 진홍進洪, 관전寬典 등과 함께 모연문을 들고 재물을 모았다. 장석匠石(목공)을 맞이하고 곤오昆吾(기와장이)를 불러서 옛터에다가 먼저 동랑東廊 다섯 칸을 이루고, 아울러 새 목재와 기와를 써서 큰 법당과 후면의 무너진 곳을 세워서 보수하고, 전면 벽에 감실을 만들어서 영각影閣으로 삼았다. 주실籌室과 별당別堂, 남랑南廊과 대문 그리고 여러 요사를 일제히 신구의 기와를 반씩 섞어 바꾸고 나머지 기와는 저축하였으니 만일에 대비한 것이다. 계유년(1813, 순조 13) 중춘에 일을 시작하여 중추 기망旣望(16일)에 일을 마치었으니 전후로 약 7~8개월이었다. 암자의 대중들은 애써 일을 하며 거의 쉬는 날이 없었고, 그 경비로 소요된 장요長腰(쌀의 별칭)와 공방孔方(돈)이 도합 사백여 금이었다. 이는 김 공金公 수재守財께서 전후로 보시한 것과 내가 모은 것들이었다.

아, 이 암자가 완성됨에 일의 도모가 너무도 조화로웠음과 윤환輪奐[4]이 새로워졌음을 내 기록하니, 이는 자랑하려는 것이 아니라 그 시운時運이 이른 것과 단월의 믿음과 원력, 암자 대중의 극진한 정성을 차례로 기록한 것일 뿐이다. 훗날에 이 암자에 거처하며 수행하는 이는 부지런히 힘써 사은四恩을 갚고 삼독三毒을 제거하는 것을 자기의 임무로 삼아, 필경 함께 돌아가기를 발징發徵의 고사[5]와 같이 해야 할 것이다. 그런 연후에야 옛사람과 지금 사람이 선실을 창건하고, 중수한 참마음을 아마도 저버리지 않을 것이다.

眞佛菴重修記

花之西數十里許。八公山毘盧峯下。眞佛菴者。嶺左上乘禪院。而高麗國師幻菴祖師之所剏建也。久閱星霜。屢經兵燹。不免爲荒草斤墟。崇德二年丁丑。西都人李應秋與其妻祥玉。再剏之。迨今數百禩。正殿漫漶。翼寮頹圮。菴衆之志。切重葺而未果者久矣。歲壬申春。余自修社。移棲于玆。是年秋。謀于衆曰。此菴不修將廢。盍思所以重新之。遂與就演戒心進洪寬典等。荷劵鳩財。邀匠石召昆吾。仍於舊址。先就東廊五間。幷用新材瓦。巨宇及後面之傾頹者。扶植而修補之。作龕于前面之壁爲影閣焉。籌室別堂。南廊大門。諸宗一齊翻易。以新舊瓦相半。陶瓦之羨餘者儲之。陰雨之備也。以癸酉仲春始事。奧仲秋旣望。功告訖。首尾凡七八朔。菴衆之櫛沐服役者。盖無虛日。而其經費所入。長腰孔方。合四百餘金。此則金公守財之前後捨施。及余之所募入者也。噫。此菴之成也。謀事克諧。輪奐維新。余之記此。非伐也。第記其時運之幷臻。檀越之信願。菴衆之殫誠。後之居此精修者。孜孜焉。兢兢焉。以報四拔三爲己務。畢竟同歸。如發徵古事然後。庶不辜於古今人剏修禪室之素衷云爾。

수도암 이건기

화현花縣 서쪽 이십 리에 팔공산 수도암이 옥빛 폭포 아래 자줏빛 골짜기 가운데에 있다. 사적寺蹟의 본기本記에는 고려 문종 때에 국사이신 환암 혼수幻菴混修 대사께서 창건하신 것이라고 하였다. 그 후에 여러 번 재난을 겪으면서 대가람은 결국 채소밭으로 변해 쓸쓸함만 이어지게 되었고, 임오년 화재 후에 산인山人 위순偉順이 중창하였으나, 폭포 아래의 새 터가 좁고 누추하여 대중들을 수용하지 못해 점차 황폐하게 되었다.

갑자년(1804, 순조 4) 가을에 내가 큰 서원을 일으켜 권선문을 들고 당하棠下(관찰사)에 나아가 하소연하였다. 관찰사 김 공 휘 희순羲淳은 특별히 재물을 의연하고, 꾀를 내서 옛터 백 보 정도 아래의 경좌庚坐 터로 수도암을 옮겨 건립하게 하였다. 정전正殿이 세 칸, 산제각山祭閣이 한 칸, 누각樓閣이 세 칸, 염화실拈花室이 다섯 칸, 팔격八隔 승료僧寮가 여섯 칸, 팔격 후사後舍가 세 칸이었으니, 모두 새 목재와 기와를 썼고 다만 정전의 기둥과 들보만 옛 재목을 그대로 썼다. 정전의 단청은 예전보다 배나 더 하였다. 을축년(1805, 순조 5) 봄에 시작하여 병인년(1806, 순조 6) 봄에 마쳤으니, 환암 스님이 초창할 때로부터 헤아려 보면 오늘날까지 세 번 중창한 것이다. 기이하다, 명승지가 거의 폐허가 되었다가 오늘날 옮겨 창건한 일이, 마침 명공明公께서 관찰사로 오실 때에 맞췄으니, 또한 그 사이에 운수가 있었는가 보다. 여러 납자들이 기뻐하면서 이루 다 칭송할 수 없었다. 이에 암자 대중이 은혜에 감사하는 뜻을 기록하고 문미門楣에 게재하여, 훗날에 이곳에 거주하는 자로 하여금 머리를 조아려 한없이 송축하게 한다.

修道菴移建記

花縣西二十里。有八公山修道菴。玉瀑之下。紫洞之中。寺蹟本記曰。高麗文宗時。國師幻菴混修大師之所剏也。是後累經刼幻。大伽藍之鞠爲園蔬者。蕭蕭然相望也。奥在壬午火後。山人偉順再剏之。瀑下新基。窄陋不容衆。漸至荒廢。甲子秋。貧道誓發大願。荷勸軸赴愬於棠下。觀察使金公。諱羲淳。特捐貲出計。使之移建於舊基下百武許。庚坐之址。正殿三間。山祭閣一間。樓閣三間。拈花室五間。八隔僧寮六間。八隔後舍三間。皆用新材瓦。惟正殿柱樑。仍舊材。正殿丹碧之設。又倍於前。始於乙丑春。終於丙寅春。盖計自幻師初剏。迄今爲三剏焉。異哉。名區之幾爲丘墟。而今也移剏之擧。適會明公按道之時。亦有數存於其間耶。諸衲舞蹈。無得以稱焉。於是乎記其菴衆感惠之意。以揭于楣。使後之居於斯者。稽首頌祝之無窮云。

영찬
影贊

원만한 참된 심인心印이요	一輪眞印
대각의 선인仙人이로다	大覺其仙
지혜 바다의 별빛이요	智海邊星
고요한 밤의 긴 하늘이라	靜夜長天
우러러보고 한 번 웃으니	仰見一笑
안목 있는 자도 몽롱하다	具眼朦朧
티끌 씻겨 연못처럼 맑고	塵洗潭虛
구름 걷힌 가을 하늘일세	雲捲秋空
법신으로 조화를 타고	法身乘化
법륜 굴려 이치 나타냈다	回輪理輸
유有라 말해도 유가 아니며	曰有非有
무無라 이른들 어찌 무이랴	謂無豈無
적막한 팔공산에	寂寞八公
칠 할쯤 비슷한 모습[6]	髣髴七分
설산의 어느 곳에서	雪山何處
만고의 여운을 찾을까	萬古遺韻

생원 최상룡 찬生員崔象龍贊

징월 대사 영찬

澄月大師影讃[1)]

맑은 강의 밝은 달	澄江皓月
이것이 법신이로다	是謂法身
내 본래 원적하니	我本圓寂
현상이 곧 참 세계라	即假而眞

기축년(1829) 여름 희곡산인 찬 己丑夏 希谷散人讃

서산과 기성[7]의 정법안장	西箕眼藏
보배로운 갓을 가리켜 전하니	寶冠指傳
등불을 이어 훗날을 밝히고	燈燈照後
의발은 전대에서 전수받았다	鉢鉢授前
색공에서 참 이치를 보고	色空觀眞
말씀마다 아름다운 시가 되니	唾笑成聯
봄바람 속 지혜의 그림이요	春風慧幀
불법 바다의 자애로운 배로다	法海慈般
맑은 연못에 어린 달빛이	澄潭印月
삼천 대천 연화세계 비춘다	蓮界三千

임진년(1832) 여름 용헌 이문환 찬 壬辰夏 容軒李文煥讃

---

1) ㉻ 이 영찬문은 저본底本에는 권두 서문序文의 다음에 있는데, 편자編者가 여기에 옮겨 놓았다.

징월 화상 행장

화상의 휘는 정훈正訓, 자는 경호敬昊, 호는 징월澄月, 속성은 김金으로 그 선조는 문소聞韶(의성) 사람이다. 신라 말 경순왕敬順王의 아들 휘 석錫이 의성義城에 봉해지자 그대로 본관으로 삼았으니, 실로 스님의 시조이다. 그 법계法系는 임제臨濟로부터 35세요, 서산西山으로부터 9세, 기성箕城의 4세손이다. 영묘英廟 신미년(1751, 영조 27)에 원당리元塘里 집에서 태어났다. 어려서부터 뛰어나 집에서 어버이를 섬김에 효성을 극진히 하였고, 조금 자라서는 독서를 좋아하였다. 드디어 책을 짊어지고 금성산金城山에 들어가 독실한 뜻으로 학업을 익히다가 서암瑞巖 화상의 '주인옹아, 성성惺惺하라'고 하신 말씀을 보고는 책을 치우며 탄식하였다.

"사람이 사람 된 까닭은 일개 심성心性을 잘 보존하기 때문이다. 이제 석씨釋氏의 이른바 관심견성觀心見性한다는 것이 어찌 돈오頓悟의 지름길이 아니겠는가."

드디어 가선嘉善 총聰 스님을 의지하여 출가하고 관월冠月 화상에게 구족계를 받았다. 화상은 매우 그릇으로 여겨 『금강경』과 『능엄경』 등을 가르쳤으며, 이미 힘을 얻고 나서는 설파雪坡[8]와 농암聾巖의 문하에 깊이 노닐며 더욱 그 학문을 밝혔다. 신축년(1781, 정조 5) 봄에 신구信具를 받아 상당하였으니 그때 나이가 31세였다. 당시의 명망 있고 뛰어난 스님들이 모두 나아가 질정하고 불문의 사표로 높였다. 여러 명산에 노닐면서, 황폐되어 수리하지 않은 사찰을 보면, 문득 두려운 마음으로 슬퍼하여, 일으키고 보수하는 것을 자신의 소임으로 삼았다. 팔공산 북쪽에는 옛날에 수도사가 있어 중창하여 암자로 삼았는데 오래지 않아 다시 폐허가 되었다. 을축년(1805, 순조 5)에 스님이 대중과 도모하여 옛터 아래로 옮겨 건축하였다. 그때 산목옹山木翁 김 공金公 희순羲淳이 영백嶺伯(경상도 관찰사)이 되어 스님과 친했는데, 재물을 출연해서 도왔고 또 손수 편액을 써서 주었으니, 수도난야修道蘭若 · 해회루海會樓 · 염화실拈花室 등이었다.

스님은 성품이 단중端重하고 근엄하여 사람들에게 칭송 받았으며, 또한 시에 뛰어나 세상에 이름났기 때문에, 당시 사대부들이 애지중지하여 영남의 명승名僧으로 높이고 칭찬하였다. 경진년(1820, 순조 20) 여름에는 금강산으로 가는 길에 낙하落下(서울)를 지나다가 여러 명공들을 서강의 배에서 만났다. 여러 명공들은 스님을 보고 매우 기뻐하여 시를 지어서 송별하였으니 연천淵泉 · 박옹泊翁 · 홍교汞橋 · 희곡希谷 · 석애石厓 · 운석雲石 · 황정黃庭 · 이운怡雲 · 창빈滄濱 등이 모두 이름을 나란히 하여 시를 썼다. 계미년(1823, 순조 23) 2월에 은해사銀海寺의 운부사雲浮社에서 시적示寂하시니 향년이 73세였다. 제자들은 승단에 끼친 스님의 공덕을 감사하게 여겨, 진영 두 본을 그려서 하나는 운부사에 소장하고, 하나는 수도암에 보관하여, 사모하는 마음을 기탁할 터로 삼았다.

아, 법교가 점차 쇠미하여 불법을 배우는 자들이 거의 드물거늘, 스님은 사대부의 후예인데도 마침내 여래如來의 제자가 되어, 불교를 궁구하고 도를 밝혀 후학들에게 모범을 드리우고 한 시대의 중생들을 교화하였으며, 선궁禪宮과 법우法宇를 곳곳에서 창건하고 중수하는 공을 세우고, 명산과 승지勝地 곳곳에 교화를 행한 자취를 남겼으니, 천부적인 불성佛性과 삼승三乘의 인연이 아니라면 어찌 이와 같겠는가. 스님은 평소에 시를 좋아하여, 항상 호수와 산의 아름다운 곳을 편력하면서 노래하였고, 자주 영아營衙나 군재郡齋의 요청을 받아 수창하였으니, 비록 창졸간에 응답하고 입에 나오는 대로 마음껏 쓴 것이었지만, 왕왕 사람을 놀라게 하는 구절들이 있었다. 그 술회述懷나 우흥寓興 같은 작품들은 운치가 맑고 넓으며, 취미가 깨끗하여 사람이 읊조리면 상쾌하여, 한문寒門에 날아올라 청풍을 쐬는 듯하였다. 수집한 시편이 거의 여러 권의 책자를 넘었으나, 문인 성홍性洪이 훔쳐 멀리 달아났기 때문에, 흩어지고 남은 것 중에서 겨우 수습한 것뿐이니, 태산에 한 터럭 정도일 뿐이다. 그러나 봉황의 한 깃털만 보고도 전체의 문장을 알 수 있으니, 또 어찌 많은 것을 구하겠는가.

나는 어릴 때에 계율을 받고 문하에 들어가서, 비록 가르침의 만분의 일도 우러러 체득하지는 못했으나, 참선하며 도를 믿는 돈독함과, 마음을 다스리며 계율로 정숙한 견고함을 엿보았으니, 대개 남이 알지 못하고 나만 홀로 아는 것이 있었다. 그러므로 외람됨을 헤아리지 아니하고 위와 같이 편찬하니 훗날에 보는 자는 채택하는 바가 있을 것이다. 삼가 행장을 짓는다.

주상전하 32년 임진년(1832, 순조 32) 5월 무오일에 문인 유혜有惠가 행장을 짓다.

澄月和上行狀

和上諱正訓。字敬昊。號澄月。俗姓金。其先聞韶人。新羅之末。敬順王之子諱錫。封義城而因貫焉。寔師之鼻祖也。其法系則於臨濟三十五世。於西山九世。箕城之四世孫也。英廟辛未。生于元塘之里第。幼而穎秀。居家事親。極其誠孝。稍長好讀書。遂笈書。入金城山。篤志肄業。嘗見瑞巖和尚主人翁惺惺之說。廢書而歎曰。人之所以爲人者。以其能存得一箇心性也。今夫釋氏所謂觀心見性。豈非頓悟之捷逕耶。遂依嘉善聰公。落紺受戒。具于冠月和上。和上深器之。敎以金剛楞嚴等經。旣得力。深遊雪坡龔巖門下。益明其學。辛丑春。受信具而登堂。時年三十一。一時名師宗釋。皆就正焉。推以爲佛門師表。遊諸名山。見寺刹之頹廢不修者。輒盡然傷心。以興替補廢爲己任。八公之北。古有修道寺。再瓶而爲菴。未幾又爲丘墟。歲乙丑。師謀於衆。遂移建於舊基下。時山木翁金公羲淳。爲嶺伯與師善。旣捐貲以助之。又手書扁額以贈之。若修道蘭若海會樓拈花室是也。師性端重謹嚴。見稱於人。又以能詩名於世。當時縉紳先生。莫不愛重。推許稱之以嶠南名釋。庚辰夏。適金剛。過洛下。遇諸名公於西江舟中。諸公見師懽甚。爲歌詩以贐行。若淵泉泊翁汞橋希谷石厓雲石黃庭怡雲滄濱。皆聯啣列書焉。癸未二月。示寂于銀海之雲浮社。享年七十三。貧徒感師之有功於沙門。爲寫眞影二本。一藏於雲浮社。一藏於修道菴。以爲寓慕之地。嗚呼。法敎寢微。學佛者幾希。而師以簪纓後裔。卒爲如來之弟子。窮經明道。垂懿範於後學。化衆生於一世。禪宮法宇。在在有瓶修之功。名山勝地。處處有行化之跡。苟非天賦之佛性。而有緣於三乘者。烏能若是耶。師雅好詞律。每於湖山佳處。歷遍吟詠。累被營倅郡齋邀請唱酬。雖出於倉卒應答之際。脫口肆筆之餘。而往往有驚人語。若其述懷寓興之作。則韻致淸曠。趣味蕭散。令人諷誦。灑然若狃。寒門而濯淸風也。所裒稡詩篇。殆過數卷册子。而爲門人性洪所竊取遠逃。僅此收拾於散逸斷爛之中者。特泰山一毫芒。然觀鳳之一羽。可以知全體之文章。又何必求多乎哉。余自蚤歲。受戒登門。雖未能仰體敎導之萬一。然竊覸其叅禪信道之篤。治心戒靜之固。盖有人所不及知。而余獨知之者。故不揆僭妄。敢爲撰次如右。後之覽者。庶幾有採擇焉。謹狀。

上之三十三[1]年壬辰五月戊午。門人有惠狀。

---

1) ⓔ '三'은 '二'의 오기인 듯하다. 임진년은 순조純祖 32년(1832)이다.

『징월대사시집』 제3권 끝

澄月大師詩集 卷之三 終[1)]

---

1) ㉯ "澄月~三終" 10자는 저본의 징월시집 발문 끝에 있는데, 편자가 여기에 옮겨 놓았다.

징월시집 발문

시가詩家의 문경門徑은 한漢나라, 위魏나라 이후에 백천百千으로 분열되어, 신기한 것만을 추리고 주워서 참된 도리는 날로 잃고 그릇됨은 날로 더하였다. 오직 불법을 배우는 이들만 가장 도에 가까웠으니, 마음은 안정되어 밖으로 치달리는 것을 끊었고, 자취는 기이하여 내면을 잘 보존하여, 게송(偈誦)과 진언(梵呪)이 모두 이 법도를 따랐다. 시는 깨달음일 뿐이니, 불타의 깨달음과 시의 깨달음은 자연히 합치되는 것이다. 혹 미혹되어 홀로 나아가지 못하면 마침내 함께 치달리는 데에 이르나니, 진실로 오묘하게 보고 깊이 아는 자가 아니라면 어찌 색상色相을 판별할 수 있겠는가.

나는 늘그막에 징월 대사를 만났는데, 처음에는 산야山野의 기미와 모습이 핍진逼眞함을 기뻐하였고, 점차 청경淸磬과 발우의 음색처럼 놀랍도록 맑음을 깨닫고는, 드디어 그와 더불어 넓은 숲에서 형해를 버리고 높은 하늘에 소리와 메아리를 의탁하게 되었다. 나는 연꽃처럼 이리 정정한데 스님은 다비까지 마쳤으니, 그 옛날 태전太顚과 불인佛印 역시 한유韓愈와 소식蘇軾에게 이와 같이 하였던가.

슬프다, 스님은 영남의 세족으로 일찍 삼승三乘의 이치를 들었으니 숙세宿世의 인연이다. 다만 시로써 자적하였으니, 아마도 그 답답한 마음을 기탁하고 그 적막한 마음을 풀고자 했던 것일까. 스님은 때때로 사대부 사이에 노닐었지만은 또한 매우 즐겨 하지는 않았고, 유독 김金·석石 상공相公, 연천淵泉·석애石厓·희곡希谷·운석雲石 등의 여러 대인들이 한번 보고 문득 중히 여겨 공문空門의 벗이 되었으니, 시를 알아주는 이가 없다고 말하지 못할 것이다.

스님의 제자들이 내가 스님을 깊게 알고 또 스님의 시도 깊이 안다고 여겨, 스님의 시를 오래도록 전하고자 천 리 먼 길에 말을 구하니, 내가 어찌 감당하겠는가. 그러나 여전히 기억하기를 내가 스님에게 드렸던 시가,

무본의 일생 추수처럼 깨끗하고
교연의 삼매 새벽 산에 넘치도다

라 하였으니, 스님의 시를 알고자 한다면 어찌 여기에서 증험하지 아니하랴.

임진년에 황정黃庭 이태승李台升이 짓다.

매산객梅山客 조병선趙秉璿이 글씨를 쓰다.

澄月詩集跋

詩家門徑。自漢魏氏而下。千分百裂。抽新摭奇。眞日喪而謬日滋。惟學佛人。最近焉。心定而外騖絶。跡畸而內省存。偈諦梵呪。率遵玆軌。詩悟而已。佛之悟與詩之悟。不合而合。或眯於獨造。竟底于倂驟。苟非玅觀邃識。曷能辨其色相哉。余得澄月師於遲暯。始喜山野之氣樣如欲逼。漸省磬鉢之音。鏗然如驚。遂與之遺形骸於林莽。托聲響於穹宙。余之似蓮。師已茶毗。古之太顚佛印。亦如此於韓蘇耶。悲夫。師嶺表世族。早聞三乘。宿因也。聊以詩自適。豈欲寓其堙鬱。欲洩其寂寞者耶。師時遊乎薦紳間。而亦頗不屑。獨金石相公浴[1]泉石厓希谷雲石諸大人。一見輒重之。作空門友。然則不可道不遇於詩也。師之徒弟。謂余知師深。又知師之詩深。欲壽師之詩。而千里求言。余何敢當。尙記余贈師詩曰。無本一生秋水淨。皎然三昧曉山多。欲知師之詩。盍證乎此歟。

壬辰春黃庭李台升題。

梅山客趙秉璿書。

---

1) ㉰ '浴'은 '淵'인 듯하다.

징월상인시집 뒤에 쓰다

불자佛者로서 시를 잘하는 자는 참으로 많지만, 일종 게송의 본색을 지니고 능히 시가의 말을 얻은 자는 대개 드물다. 나의 벗 징월 상인은 젊을 때부터 시로써 알려졌다. 그 말이 오묘하게 삼매에 들었는지는 알 수 없으나, 대저 환공문幻空門의 뛰어난 곡조였기에, 위로 높은 벼슬아치부터 아래로 재야의 현인들에게 이르기까지 천하의 뛰어난 인물들이 모두 그와 형해形骸를 잊은 벗이 되었다. 아, 어찌 다만 시로써 만났을 뿐이었겠는가, 반드시 시 밖에서 만난 바가 있었으리라. 불타께서 멸도한 후 여러 성현들이 물러나 홀로 길을 갔는데, 혹은 심성이 초월하고 밝아서 능히 선의 종지를 깨달아 깨달음의 언덕에 오른 이는, 또한 모두 염부제閻浮提의 중생을 기뻐하지 않아, 드디어 강산과 시문 사이에 말과 취미를 기탁하였으니, 스님은 이러한 점을 이해하셨는가보다. 그 시는 매우 질탕하고 운치가 넘치면서도, '시남추초단의市南秋草短衣'[9]와 같은 비탄의 소리가 있으니, 또한 감개하여 부도浮屠에 숨은 분인가?

오호라, 기이하다. 이 사람이여. 타고난 자태가 참으로 아름다워 정신은 맑고, 뼈는 빼어나서 홀로 우뚝 서서 매이지 아니하였다. 술이 약간 취하면 문득 불자拂子를 세워 턱을 받치고는 눈을 감고 가부좌하곤 하였는데, 두 눈 사이의 백호白毫에서 가만히 빛이 나는 듯하였다. 시는 모두 흩어져 사라지고 남은 것은 매우 적다. 그러나 여전히 먼 하늘 아래에서도 사람의 입을 즐겁게 하니, 저 낡은 빗자루(弊箒)나 장독 뚜껑(覆瓿) 같은 무리[10]가 많은들 또한 무엇에 쓰겠는가.

아아, 아촉불阿閦佛이 한번 나타나시자 문득 봄꿈이 깨졌으니, 항하사恒河沙 같은 천겁의 세월에 색상色相은 비록 멀어졌으나, 맑은 저녁, 밝은 달빛 아래 향을 사르고 한 구의 게송을 읊조려 칠 할쯤 비슷한 진영에 정례頂禮한다면, 또한 아침저녁에 만나는 것과 같을 것이다.

스님의 법제法弟인 설월雪月과 정곡定谷 두 노스님이 그 시를 출판하고자, 내가 스님과 숙인이 있다고 하여 매우 간절하게 말을 청하니, 의리상 사양할 수 없어 드디어 애써 짓는다.

임진년(1832, 순조 32) 5월 단오 상순 송호유인松湖幽人 김이덕金履德이 쓰다.

題澄月上人詩集後

佛者之能詩者。固多矣。一種偈諦本色。能得詩家語者。蓋尠矣。吾友澄月上人。自少以詩聞。其言之玅入三昧。未可知。大抵幻空門絶調。海內名勝。上自蟬貂。下至韋布之賢者。莫不與之忘形。噫。豈翅詩以遇也。必有所遇於詩之外也。佛滅度。諸賢聖引而長徃。厥或爲心性超朗。能悟禪宗而登覺岸者。亦皆不悅於閻浮提衆生。遂自寄言托趣於江山文藻之間。師其理會於斯者歟。其詩頗跌宕。旖旎剌剌。有市南秋草短衣悲咤之聲。抑亦感慨。而隱於浮屠者歟。嗚呼異哉。之人也。天姿儘好。神淸而骨秀。卓犖少拘檢。酒微醺。輒植拂支頤。合眼加趺坐。眉間白毫。闇然若有光。詩盡羽化去。存者甚寂寥。然猶可以響人樂頰於窮宙之下。彼弊箒覆瓿之類。雖多亦奚爲。嗟夫阿閃一現。霍然春夢。恒沙千劫。色相云邈。然於夜澄月明之夕。以瓣香。口偈一聯詩。頂禮七分影。亦庶幾乎朝暮遇也。師之法弟。雪月若定谷二老。欲梓其詩。而謂余有宿因於師。乞言甚勤。義不能辭。遂僶俛焉。

歲壬辰端陽上澣。松湖幽人金履德書。

임진년 여름에 판각하여 팔공산 수도암에 보관하다.

歲壬辰夏鋟梓藏于八公山修道菴。[1)]

1) ㉚ 이 간기刊記는 저본의 「澄月上人詩集後」의 앞에 있는데, 편자가 여기에 옮겨 놓았다.

주

1 토규兎葵 : 들풀인데 정확히 어떤 종인지는 불분명하다. 황폐한 전경을 묘사할 때 쓰는 표현이다. 당나라 유우석劉禹錫의 「再遊玄都觀」에 "지금 14년 만에 다시 현도玄都를 거닐어 보니 옛날 도사가 심었다는 선도仙桃 나무는 한 그루도 남아 있지 않고, 토규兎葵와 연맥燕麥만 봄바람에 흔들리고 있을 따름이었다.(又十四年過之。無復一存。唯兎葵。燕麥動搖春風耳。)"라는 구절에서 비롯되었다. 『新唐書』「劉禹錫傳」.

2 화현花縣 : 경상북도 하양河陽. 원래는 진대晉代 반악潘岳이 하양 영河陽令이 되었을 때, 온 고을에 복사꽃(桃花)을 가득 심어 당시 사람들이 "하양은 온 고을이 꽃이다.(河陽一縣花。)"라고 칭한 고사에서 유래한다.

3 환암幻菴(1320~1392) : 고려 말 조선 초 스님으로 법명은 혼수混修이다. 이색이 지은 비명에 태고 보우太古普愚의 수좌首座로 되어 있어 나옹과 태고에게 배운 것으로 짐작된다.

4 윤환輪奐 : 규모가 크고 아름답다는 뜻으로, 건물이 낙성된 것을 축하할 때 쓰는 상투적인 표현이다.

5 발징發徵의 고사 : 발징은 통일신라 시대의 고승으로 우리나라에서 최초로 만일염불회萬日念佛會를 조직한 분이다. 758년(경덕왕 17) 강원도 건봉사乾鳳寺에서 만일미타도량을 개설하여 27년째 되던 785년 만일이 차자 같이 수행하던 31인과 함께 공중으로 솟아 극락왕생하였다고 한다.

6 칠 할쯤 비슷한 모습 : 초상화를 일컫는 말이다. 진영眞影이 실제 모습과 7할쯤 비슷하다는 뜻이다.

7 기성箕城 : 조선 스님으로 법명은 쾌선快善이다. 숙종 계유년(1693)에 칠곡부에서 동지중추부사인 유시홍柳時興의 아들로 태어나 13세(1705)에 팔공산 송림사松林寺로 입산하여 14세(1706)에 민식敏湜 화상에게 머리를 깎고 16세(1708)에 서귀 대사西歸大師에게 구족계를 받았으며, 25세(1717)에 낙빈 홍제洛濱弘濟 대사로부터 인찬印贊과 의발을 전수받고 당에 올랐다. 동화사와 은해사, 선본사 등 팔공산 일대에서 활약하였으며, 48세(1740) 때 동지 30인과 은해사 골짜기에 절을 짓고 결사하였으니 곧 지금의 기기암寄寄庵이다.

8 설파雪坡 : 조선 스님으로 법명은 상언尙彦(1707~1791)이다. 1725년(영조 1) 19세에 고창 선운사 희섬希暹에게 출가하여 호암虎巖의 법을 잇고, 33세에 용추사 판전板殿에서 개강하였다. 화엄학에 밝았으며 제방을 편력하며 좌선하였다. 만년에는 영원사에서 10여 년 동안 염불로 정업淨業을 닦다가 일생을 마쳤다.

9 시남추초단의市南秋草短衣 : 아마도 시 구절인 듯하다.

10 낡은 빗자루나~같은 무리 : 볼품없는 시문을 짓는 자들을 말한다. '낡은 빗자루(弊箒)'는 낡아 빠진 빗자루도 자기 집 물건이면 천금을 호가하는 것으로 아는 사람처럼 자기 작품을 무조건 애지중지하는 사람을 빗댄 표현이고, '장독 뚜껑(覆瓿)'은 항아리 뚜껑으로나 쓸까 달리 소용이 없는 서툰 시문을 뜻한다.

찾아보기

한글본 **한국불교전서**

조·선·출·간·본

조선 1 작법귀감
백파 긍선 | 김두재 옮김 | 신국판 | 336쪽 | 18,000원

조선 2 정토보서
백암 성총 | 김종진 옮김 | 4X6판 | 224쪽 | 12,000원

조선 3 백암정토찬
백암 성총 | 김종진 옮김 | 4X6판 | 156쪽 | 9,000원

조선 4 일본표해록
풍계 현정 | 김상현 옮김 | 4X6판 | 180쪽 | 10,000원

조선 5 기암집
기암 법견 | 이상현 옮김 | 신국판 | 320쪽 | 18,000원

조선 6 운봉선사심성론
운봉 대지 | 이종수 옮김 | 4X6판 | 200쪽 | 12,000원

조선 7 추파집·추파수간
추파 홍유 | 하혜정 옮김 | 신국판 | 340쪽 | 20,000원

조선 8 침굉집
침굉 현변 | 이상현 옮김 | 신국판 | 300쪽 | 17,000원

조선 9 염불보권문
명연 | 정우영·김종진 옮김 | 신국판 | 224쪽 | 13,000원

조선 10 천지명양수륙재의범음산보집
해동사문 지환 | 김두재 옮김 | 신국판 | 636쪽 | 28,000원

조선 11 삼봉집
화악 지탁 | 김재희 옮김 | 신국판 | 260쪽 | 15,000원

조선 12 선문수경
백파 긍선 | 신규탁 옮김 | 신국판 | 180쪽 | 12,000원

조선 13 선문사변만어
초의 의순 | 김영욱 옮김 | 4X6판 | 192쪽 | 11,000원

조선 14 부휴당대사집
부휴 선수 | 이상현 옮김 | 신국판 | 376쪽 | 22,000원

조선 15 무경집
무경 자수 | 김재희 옮김 | 신국판 | 516쪽 | 26,000원

조선 16 무경실중어록
무경 자수 | 성재헌 옮김 | 신국판 | 340쪽 | 20,000원

조선 17 불조진심선격초
무경 자수 | 성재헌 옮김 | 신국판 | 168쪽 | 11,000원

조선 18 선학입문
김대현 | 성재헌 옮김 | 신국판 | 240쪽 | 14,000원

조선 19 사명당대사집
사명 유정 | 이상현 옮김 | 신국판 | 508쪽 | 26,000원

조선 20 송운대사분충서난록
신유한 엮음 | 이상현 옮김 | 신국판 | 324쪽 | 20,000원

조선 21 의룡집
의룡 체훈 | 김석군 옮김 | 신국판 | 296쪽 | 17,000원

조선 22 응운공여대사유망록
응운 공여 | 이대형 옮김 | 신국판 | 350쪽 | 20,000원

조선 23 사경지험기
백암 성총 | 성재헌 옮김 | 신국판 | 248쪽 | 15,000원

조선 24 무용당유고
무용 수연 | 이상현 옮김 | 신국판 | 292쪽 | 17,000원

조선 25 설담집
설담 자우 | 윤찬호 옮김 | 신국판 | 200쪽 | 13,000원

조선 26 동사열전
범해 각안 | 김두재 옮김 | 신국판 | 652쪽 | 30,000원

조선 27 청허당집
청허 휴정 | 이상현 옮김 | 신국판 | 964쪽 | 47,000원

조선 28 대각등계집
백곡 처능 | 임재완 옮김 | 신국판 | 408쪽 | 23,000원

조선 29 반야바라밀다심경략소연주기회편
석실 명안 엮음 | 강찬국 옮김 | 신국판 | 296쪽 | 17,000원

조선 30 허정집
허정 법종 | 성재헌 옮김 | 신국판 | 488쪽 | 25,000원

조선 31 호은집
호은 유기 | 김종진 옮김 | 신국판 | 264쪽 | 16,000원

조선 32 월성집
월성 비은 | 이대형 옮김 | 4X6판 | 172쪽 | 11,000원

조선 33 아암유집
아암 혜장 | 김두재 옮김 | 신국판 | 208쪽 | 13,000원

조선 34 경허집
경허 성우 | 이상하 옮김 | 신국판 | 572쪽 | 28,000원

조선 35 송계대선사문집 · 상월대사시집
송계 나식 · 상월 새봉 | 김종진 · 박재금 옮김 | 신국판 | 440쪽 | 24,000원

조선 36 선문오종강요 · 환성시집
환성 지안 | 성재헌 옮김 | 신국판 | 296쪽 | 17,000원

조선 37 역산집
영허 선영 | 공근식 옮김 | 신국판 | 368쪽 | 22,000원

조선 38 함허당득통화상어록
득통 기화 | 박해당 옮김 | 신국판 | 300쪽 | 18,000원

조선 39 가산고
월하 계오 | 성재헌 옮김 | 신국판 | 446쪽 | 24,000원

조선 40 선원제전집도서과평
설암 추붕 | 이정희 옮김 | 신국판 | 338쪽 | 20,000원

조선 41 함홍당집
함홍 치능 | 성재헌 옮김 | 신국판 | 348쪽 | 21,000원

조선 42 백암집
백암 성총 | 유호선 옮김 | 신국판 | 544쪽 | 27,000원

조선 43 동계집
동계 경일 | 김승호 옮김 | 신국판 | 380쪽 | 22,000원

조선 44 용암당유고 · 괄허집
용암 체조 · 괄허 취여 | 김종진 옮김 | 신국판 | 404쪽 | 23,000원

조선 45 운곡집 · 허백집
운곡 충휘 · 허백 명조 | 김재희 · 김두재 옮김 | 신국판 | 514쪽 | 26,000원

조선 46 용담집 · 극암집
용담 조관 · 극암 사성 | 성재헌 · 이대형 옮김 | 신국판 | 520쪽 | 26,000원

조선 47 경암집
경암 응윤 | 김재희 옮김 | 신국판 | 300쪽 | 18,000원

조선 48 석문상의초 외
벽암 각성 외 | 김두재 옮김 | 신국판 | 338쪽 | 20,000원

조선 49 월파집 · 해붕집
월파 태율 · 해붕 전령 | 이상현 · 김두재 옮김 | 신국판 | 562쪽 | 28,000원

조선 50 몽암대사문집
몽암 기영 | 이상현 옮김 | 신국판 | 348쪽 | 21,000원

신 · 라 · 출 · 간 · 본

신라 1 인왕경소
원측 | 백진순 옮김 | 신국판 | 800쪽 | 35,000원

신라 2 범망경술기
승장 | 한명숙 옮김 | 신국판 | 620쪽 | 28,000원

신라 3 대승기신론내의약탐기
태현 | 박인석 옮김 | 신국판 | 248쪽 | 15,000원

신라 4 해심밀경소 제1 서품
원측 | 백진순 옮김 | 신국판 | 448쪽 | 24,000원

신라 5 해심밀경소 제2 승의제상품
원측 | 백진순 옮김 | 신국판 | 508쪽 | 26,000원

신라 6 해심밀경소 제3 심의식상품 제4 일체법상품
원측 | 백진순 옮김 | 신국판 | 332쪽 | 20,000원

신라 12 무량수경연의술문찬
경흥 | 한명숙 옮김 | 신국판 | 800쪽 | 35,000원

신라 13 범망경보살계본사기 상권
원효 | 한명숙 옮김 | 신국판 | 272쪽 | 17,000원

신라 14 화엄일승성불묘의
견등 | 김천학 옮김 | 신국판 | 264쪽 | 15,000원

신라 15 범망경고적기
태현 | 한명숙 옮김 | 신국판 | 612쪽 | 28,000원

신라 16 금강삼매경론
원효 | 김호귀 옮김 | 신국판 | 666쪽 | 32,000원

신라 17 대승기신론소기회본
원효 | 은정희 옮김 | 신국판 | 536쪽 | 27,000원

신라 18 미륵상생경종요 외
원효 | 성재헌 외 옮김 | 신국판 | 420쪽 | 22,000원

신라 19 대혜도경종요 외
원효 | 성재헌 외 옮김 | 신국판 | 256쪽 | 15,000원

신라 20 열반종요
원효 | 이평래 옮김 | 신국판 | 272쪽 | 16,000원

신라 21 이장의
원효 | 안성두 옮김 | 신국판 | 256쪽 | 15,000원

신라 22 본업경소 하권 외
원효 | 최원섭 · 이정희 옮김 | 신국판 | 368쪽 | 22,000원

신라 23 중변분별론소 제3권 외
원효 | 박인성 외 옮김 | 신국판 | 288쪽 | 17,000원

신라 24 지범요기조람집
원효 · 진원 | 한명숙 옮김 | 신국판 | 310쪽 | 19,000원

신라 25 집일 금광명경소
원효 | 한명숙 옮김 | 신국판 | 636쪽 | 31,000원

고 · 려 · 출 · 간 · 본

고려 1 일승법계도원통기
균여 | 최연식 옮김 | 신국판 | 216쪽 | 12,000원

고려 2 원감국사집
충지 | 이상현 옮김 | 신국판 | 480쪽 | 25,000원

고려 3 자비도량참법집해
조구 | 성재헌 옮김 | 신국판 | 696쪽 | 30,000원

고려 4 천태사교의
제관 | 최기표 옮김 | 4X6판 | 168쪽 | 10,000원

고려 5 대각국사집
의천 | 이상현 옮김 | 신국판 | 752쪽 | 32,000원

고려 6 법계도기총수록
저자 미상 | 해주 옮김 | 신국판 | 628쪽 | 30,000원

고려 7 보제존자삼종가
고봉 법장 | 하혜정 옮김 | 4X6판 | 216쪽 | 12,000원

고려 8 석가여래행적송·천태말학운묵화상경책
운묵 무기 | 김성옥·박인석 옮김 | 신국판 | 424쪽 | 24,000원

고려 9 법화영험전
요원 | 오지연 옮김 | 신국판 | 264쪽 | 17,000원

고려 10 남명천화상송증도가사실
□련 | 성재헌 옮김 | 신국판 | 418쪽 | 23,000원

고려 11 백운화상어록
백운 경한 | 조영미 옮김 | 신국판 | 348쪽 | 21,000원

※ 한글본 한국불교전서는 계속 출간됩니다.

징월 정훈澄月正訓
(1751~1823)

속성은 김씨金氏로 경북 의성 사람이다. 휘는 정훈正訓, 자는 경호敬昊, 호는 징월澄月. 의성읍 남쪽에 있는 금성산金城山에 들어가 학업을 익히다가 깨달은 바가 있어 가선嘉善 총聰 스님에 의지하여 출가하고 관월冠月 화상에게 구족계를 받았다. 관월 화상 문하에서 『금강경』, 『능엄경』 등을 이수하였고, 설파雪坡와 농암聾巖의 문하에서 학문을 닦았다. 31세 되던 해(1781) 봄에 신구信具를 받고 상당上堂하여 그 지역에서 명망을 얻었다. 대사는 폐사가 된 사찰의 중창에도 힘을 써 1805년(순조 5)에 팔공산 북쪽에 위치한 수도사修道寺를 중창하였다. 1823년 2월에 은해사의 운부사雲浮社에서 향년 73세로 시적示寂하였다. 당시 제자들이 진영 2본을 그려서 하나는 운부사에 소장하고 하나는 수도암修道菴에 보관하였다.

옮긴이 김재희

전남대학교 중어중문학과를 졸업하고 한학자 만취晩翠 위계도魏啓道 선생으로부터 가르침을 받았다. 현재 광주 백천서당百千書堂에서 후학을 양성하고 있다. 『한국불교전서』 역서로 『삼봉집三峯集』, 『무경집無竟集』, 『운곡집雲谷集』, 『경암집鏡巖集』 등이 있다.

증의
김화석(동국역경원)